김택진 스토리

김정남 지음

e 비즈북스

◉ 일러두기

이 책은 김택진 대표와 인터뷰한 내용을 토대로 작성되었습니다.

목 차

—

한국 게임의 역사를 다시 쓴 장본인

한국의 대중음악사를 서태지와 아이들 이전과 이후로 나누듯이, 〈리니지〉는 한국 게임사를 가르는 매우 중요한 이정표이다. 서태지가 단순히 랩과 힙합이라는 새로운 음악 장르를 뿌리내린 것이 아니라 춤과 패션 그리고 헤어스타일 등 대중문화와 사회 전반에 깊은 영향을 주었듯 〈리니지〉는 단순히 게임 장르의 개척에 머무르지 않고 한국의 벤처기업들과 IT 산업 전체에 깊은 영향을 주었다.

우선 〈리니지〉는 몇몇 친한 친구끼리 모여서 게임을 만드는 동아리 수준에 불과했던 한국 게임계를 산업의 수준으로 끌어올렸다. 게임을 만드는 회사라고 하면 무시부터 하고 문전박대하던 은행과 투자사 들은 〈리니지〉의 성공 이후 태도가 완전히 달라졌다. 오직 게임을 만드는 회사라는 이유만으로 금융기관으로부터 쉽게 융자와 투자를 받을 수 있을 정도였다. 별다른 개발 실적이 없던 게임 회사가 일반인을 상대로 주식 공모를 해도 단 하루 만에 투자자가 모두 모일 정도로 게임 회사에 대한 과열 현상까지 불러일으켰다.

엔씨소프트는 단순히 게임 산업에 돈을 돌게 한 것만이 아니라 인재들이 모여들도록 했다. 원래 게임 회사는 수익이 별로 없었기 때문에 다른 업계에 비해 박봉이었다. 1990년 중반 팀장급이면 월급이 100만 원 내외였고 일반 직원은 60~80만 원 정도를 받았다. 게다가 게임 회사는 돈이 별로 없으니 두세 명이 겨우 할 수 있는 일을 혼자서 다 해야 할 정도로 작업량도 많았고 복지후생은 이루 말할 수 없을 만큼 열악한 환경이었다. 그나마 월급이라도 제대로 주면 다행인 것이 당시의 현실이었다. 1990년대 초 우리나라 최초로 10만 장을 돌파한 〈어스토니시아 스토리〉 개발자들의 경우 1년 동안 일하면서 받은 돈이 100만(!) 원에 불과하였고 팀원들 대부분이 오랜 밤샘으로 인해서 폐렴에 걸려서 군대를 면제받을 정도였다.

이처럼 게임 회사의 개발자가 된다는 것은 제정신을 가진 사람이 정식 직업으로 가질 만한 일은 아니었다. 게임이 좋으니깐 아무런 보상도 받지 않고, 오직 게임을 개발한다는 것에 즐거움을 느끼는 그런 사람들의 취미 활동 같은 것이었다. 실제로 게임 개발자 대부분은 생계 수단으로 직업을 가진 것이 아니라 대학을 다니는 학생 신분이거나 투잡스족이었다. 그러나 엔씨소프트는 게임 회사들도 돈을 벌 수 있다는 것을 보여주었고 실제로 〈리니지〉 성공 이후 비로소 게임업계에서 제대로 월급을 받고서 일할 수 있는 토양이 마련되었다. 현재 명문대생이 가장 선호하는 직장으로 게임 회사가 이름이 오르는 데 가장 혁혁한 공로를 세운 것도 바로 엔씨소프트의 〈리니지〉였다. 〈리니지〉는 또한 많은 인재들이 직접 게임 회사를 창업하는 데 큰 계기를 마련하였다.

그동안 게임을 푸대접했던 정부 역시 〈리니지〉의 성공 이후 게임을 다시 보기 시작했다. 정부는 게임이야말로 차세대 대한민국을 이끄는 핵심 문화산업이라고 치켜세우면서 각종 지원책을 내놓았다. 그중에 하나로 군대를 가는 대신 3년간 일을 하면 병역의 의무를 다한 것으로 대체하는 산업기능요원(병역특례) 제도를 게임 회사에 대폭적으로 배치해주었는데 이러한 제도 덕분에 많은 인재들이 게임계에 유입되는 계기를 마련하였다. 이때 혜택을 받은 사람들이 복무 기간이 끝난 후에도 남아서 축적된 기술을 바탕으로 오늘날 게임업계의 핵심 인재로 자리잡고 있다.

이 밖에 초보적이었던 고객서비스나 각종 홍보 방법에서도 엔씨소프트는 좋은 모델을 제시하였다. 사실 게임 회사들은 게임을 만들어도 홍보하는 방법을 모르고 시장에 출시했다. 하지만 엔씨소프트의 경우는 각종 언론사에 보도자료를 돌렸고 기사거리가 있으면 수시로 기자들에게 연락을 하였다. 덕분에 게임에 대해 기사 한 줄 안 써주던 국내 일간지

기자들이 점차 게임에 관심을 가지게 되었다. 게임 회사가 언론사에 보도자료를 보낸 건 엔씨소프트가 최초였다. 엔씨소프트의 보도자료는 기자에게는 물론 다른 게임 회사들에서도 보도자료의 교과서로 불렸다. 엔씨소프트에서 언론사에 보낸 보도자료는 기사가 되기 위한 완벽한 육하원칙을 갖춘 동시에 흥미를 충족시켜주었고, 기자들은 게임 회사를 방문해서 만약 기사화하고 싶은 게임 관련 내용이 있다면 엔씨소프트의 보도자료를 참고해서 작성한 후 보내달라고 할 정도였다.

엔씨소프트의 〈리니지〉는 오늘날 한류의 시초이기도 하다. 2000년 〈리니지〉가 처음 대만에서 서비스될 때 전국의 인터넷망이 마비될 정도로 폭발적인 인기를 끌었다. 덕분에 대만 메이저 언론에서는 〈리니지〉의 존재에 대해 대서특필하였고 이는 고스란히 한국이라는 나라를 홍보하는 데 큰 계기가 되었다. 1990년대만 해도 한국은 제조업 상품, 그것도 저가 제품을 만든다는 이미지가 강했다. 특히 한국이 외환위기로 IMF 사태를 겪게 되자 대만은 그것이 한국의 한계라면서 더욱 낮게 보는 경향이 있었다. 그런데 첨단 기술과 문화의 결합으로 각광받았던 온라인게임 분야에서 〈리니지〉가 대만에서 선풍적인 인기를 끌게 되자 대한민국의 인식 자체가 달라졌다. 대만에서는 〈리니지〉의 성공 원인을 집중적으로 분석했고, 결국 한국이 〈리니지〉와 같은 게임을 만들 수 있었던 것은 다른 나라에 비해 월등히 앞선 인터넷 환경과 IT 기술이 있었기 때문이라면서 첨단 선진국가로 한국을 극찬하였다. 대만에서의 성공이 커지면 커질수록 〈리니지〉는 IMF를 극복한 새로운 한국의 상징이 되어갔다.

사실 일본의 이미지도 예전에는 저가의 전자제품을 대량으로 판매하는 나라 정도에 불과했다. 1980년대 일본 자동차가 미국에 본격적으로 수출되자 미국 언론은 장난감 자동차를 어떻게 믿겠느냐며 일본을 무시할 정도였다. 저가의 모조품을 만드는 나라로 무시받던 일본이 오늘날 첨단국가의 이미지로 바뀌는 데 결정적으로 영향을 준 것이 닌텐도의 게임들이다. 〈슈퍼마리오 브라더스〉와 〈포켓몬스터〉는 전 세계에 일본 문화를 추종하는 세력을 만들어내었다. 이는 게임이 단순히 기술뿐만 아니라 사람의 감성을 담는 문화 상품이기 때문에 가능한 일이었다. 슈퍼마리오와 포켓몬스터를 즐긴 미국이나 유럽 사람들은 마리오와 피카추처럼 귀엽고 깜찍한 캐릭터를 만드는 나라의 사람들은 분명 나쁜 사람이 아니라 쿨한 사람일 것이라고 생각하기까지 했다. 일본 관련 정보를 운영하는 사이트 관리자들을 조사했더니 대부분의 사람이 마리오와 피카추를 통해서 일본 문화의 세계에 빠져들었다고 답할 정도로 게임의 영향력은 컸다.

그리고 현재 일본이 그러하듯 한국 역시 〈리니지〉의 성공 덕분에 국가 이미지까지 향상되었다. 특히 대만은 화교 국가들에게 허브 역할을 한다. 대만에서의 소식은 실시간으로 중국이나 싱가폴르 그리고 동남아에까지 퍼진다. 〈대장금〉이나 〈가을동화〉 같은 드라마가 우선 대만에서 인기를 얻은 후 중국이나 홍콩 그리고 동남아시아로 뻗어갔듯이 말이다. 엔씨소프트는 현재 한류의 중심지라고 할 수 있는 중국과 동남아시아 등 여러 곳에 문화 상품으로 진출함으로써 대한민국이라는 국가의 이미지를 바꾸어 놓았다.

엔씨소프트 성공의 놀라운 사실 중 하나는 바로 한국보다 더 잘사는 선진국에서까지 인기를 끌었다는 점이다. 사실 문화라는 것은 이른바 선진국에서 그보다 못사는 나라로 전파되는 형태를 띤다. 왜냐하면 우선 내수가 탄탄해서 규모의 경제를 형성할 수 있어야 국외에서도 매력적으로 보일 수준급의 문화 상품을 만들어낼 수 있기 때문이다. 전 세계에서 문화 상품을 수출할 수 있는 나라들은 미국, 일본, 유럽 등인데, 이들은 한결같이 경제대국이다.

그런데 엔씨소프트는 우리보다 훨씬 잘사는 나라들에 진출하여 놀라운 성공을 거두고 있으니 놀라운 것이다. 이러한 경우는 우리나라 게임 회사는 물론이거니와 영화나 드라마 등 다른 산업에서 볼 수 없는 현상이다. 〈길드워〉로 미국과 유럽에서 판매량 1위의 돌풍을 일으키며 600만 장이 넘는 판매고를 기록했으며, 〈리니지2〉는 블리자드의 〈월드 오브 워크래프트〉도 뚫지 못한 게임 강국 일본에서 온라인게임 차트

1위에 등극하면서 선풍적인 인기를 끈 바 있다. 특히 〈리니지2〉는 일본에서 5만 7천 명인 넘는 동시접속자를 기록하며 일본 온라인게임의 역사를 새로 썼다. 일본에서 〈리니지2〉의 성공은 한국 게임이라면 무시부터 하던 일본인들의 선입관을 깨버렸다는 것 외에도 굉장한 의미를 가지고 있다. 〈리니지2〉의 그래픽이 일본에서 제작한 게임들보다도 훨씬 뛰어난 퀄리티를 자랑한다는 점이다. 단순히 아이디어가 좋은 게임이라면 사실 후발 주자가 쉽게 베끼는 단점이 있다. 하지만 아이디어에 재미가 첨가되면 후발 주자가 따라오기 어렵고 그만큼 시장 선점의 효과는 커진다. 〈리니지2〉는 화려한 그래픽과 안정적인 네트워크 환경을 자랑함으로써 일본도 따라오기 어려운 독보적인 온라인게임으로 자리 잡았다.

이러한 활약 덕분에 엔씨소프트의 성공을 조명하는 많은 기사들이 쏟아졌다. 또한 게임 개발자들도 이를 놓치지 않았다. 세계 게임 개발자 모임인 GDC에서 〈리니지〉는 중요한 성공 사례이자 연구의 대상으로 발표가 된다. 한국 게임 개발자들이 GDC에 참여하면 외국의 개발자들이 친절하게 접근해서 〈리니지〉에 대한 정보를 물을 정도로 깊은 관심을 보인다. 특히 〈리니지〉의 공성전과 혈맹 그리고 에피소드 방식의 업데이트는 온라인 롤플레잉게임의 표준처럼 되어버렸다.

이렇게 외국 시장에서의 활약 덕분에 엔씨소프트는 세계 최고의 게임 개발자 잡지인 「게임디벨로퍼Game Developer」에서

발표한 퍼블리셔 순위 15위에 오르는 기염을 토했다(2006년
및 2008년). 이 순위는 단순히 매출이나 시가총액으로 순위
를 매기는 것이 아니라 발표한 게임의 리뷰 점수, 게임 제작
능력, 개발자 대우 등을 종합적으로 검토해서 순위를 정한다.
한국에서도 스퀘어 에닉스나 캡콤과 어깨를 나란히 할 수 있
는 회사가 탄생하리라고 누가 상상할 수 있었겠는가? 〈파이
널 판타지〉의 스퀘어 에닉스가 13위, 〈바이오 하자드〉의 캡
콤이 14위인 점을 고려하면, 15위에 그 이름을 올린 엔씨소
프트 역시 세계적인 게임 회사의 반열에 올랐음을 공인받았
다고 해도 과언이 아니다. 이 책에서는 이처럼 한국 게임의
위상을 세계에 새롭게 쓰고 있는 엔씨소프트의 창업자이자
CEO이며 개발자인 김택진 사장에 대해서 자세히 알아보도
록 하자.

야구 선수를 꿈꾸던 소년

벤처기업의 가장 성공적인 사례로 매년 한국 부자 순위를 매기면 빠지지 않고 등장하는 김택진 사장이지만 정작 그의 어린 시절은 무척 가난하였다. 아버지가 사업을 하던 중에 부도를 내서 집안이 급격하게 기울었기 때문이다. 빚쟁이들에게 얼마나 독촉을 당했던지 김택진의 아버지는 그 괴로움에 집을 나가기에 이른다. 어머니는 행방불명된 남편을 찾기 위하여 갓난아기인 김택진을 업고 전국 방방곡곡을 떠돌아다녔다. 그러다 지인으로부터 지방의 한 낚시터에서 아버지를 본 것 같다는 이야기를 듣고 한걸음에 달려갔다. 그때 김택진의 아버지는 사업 실패 후의 좌절과 고통으로 자살을 결심하고 낚시터에 갔던 것. 하지만 하늘의 도움인지 물에 뛰어들기 직전에 낚시터를 찾아온 아내와 마주치게 되었다. 어머니의 등에 업혀 있던 아기의 눈과 마주치자 김택진의 아버지는 차마 물로 뛰어들 수가 없었다 한다.

　결국 자신의 아이를 위해서 다시 한 번 용기를 내 세상과 맞서 싸워야 한다고 결심한 김택진의 아버지는 자살을 단념하고 집으로 돌아와 빚쟁이들을 찾아 나섰다. 무슨 일이 있어도 돈을 갚을 테니 그때까지 자신을 믿고 조금만 기다려달라는 부탁을 하기 위해서였다. 그 후 김택진의 아버지는 전국을 돌아다니면서 양말과 옷 등을 팔았다. 무거운 짐을 들고 산동네까지 일일이 방문해서 물건을 팔 정도로 악착같이 일하였고 결국 빚을 조금씩 갚아나갈 수 있었다. 그런 아버지의 모습을 통해 김택진은 사람에게 신뢰와 믿음이 매우 중요하다는 점을 절실히 깨달았다고 한다.

　열심히 일해서 나중에라도 반드시 갚겠다는 다짐을 하자 대부분의 빚쟁이들이 아버지의 말을 믿고 기다려줬고 또 어떤 사람은 격려까지 해주었다. 김택진의 아버지는 연락이 되지 않았던 사람들에게까지 일일이 찾아가서 빚을 다 갚았는데, 이때 김택진은 아버지의 모습에 감동하여 자신도 아버지처럼 항상 떳떳한 사람이 되어야겠다는 평생의 좌우명을 가지게 되었다.

　어린 시절 김택진은 운동에 푹 빠져 있었다. 그가 좋아했던 운동 중 하나는 야구였다. 그가 야구의 세계에 빠져든 것은 한 권의 만화책 때문이었다. 아버지가 아들을 투수로 만드는 과정을 그린 만화인 『거인의 별』에 감동한 김택진은 만화 속 주인공처럼 훌륭한 야구 선수가 되기 위해서 벽을 향

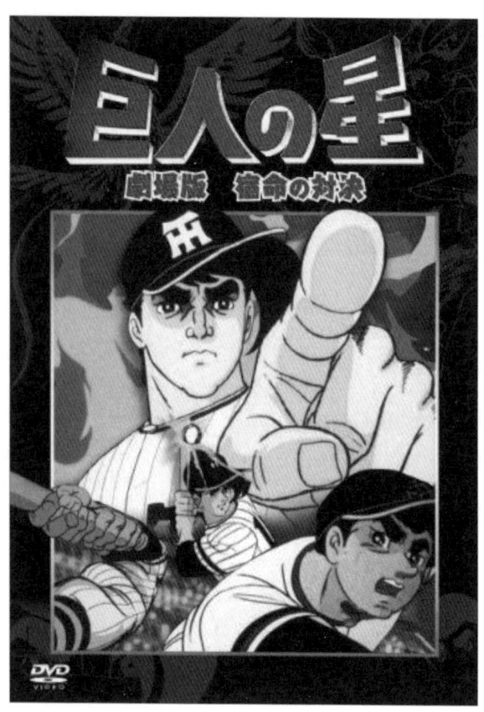

김택진이 어린 시절 빠졌던 〈거인의 별〉

해 끝없이 야구공을 던졌고 모래주머니를 팔다리에 차고 학교에 다니기까지 했다. 집 앞 전봇대에 폐타이어를 매달고서 배팅 연습에 몰두하기도 하였다. 1982년 프로야구가 창단하자 롯데의 열혈 팬이 된 그는 최동원 선수를 자신의 영웅으로 삼았다.

초등학교 시절 김택진은 육상 선수로 활약하였다. 학교에서 달리기 대회를 하면 항상 1등을 하였고 학교 대표로 지역

대회에 출전해서도 좋은 성적을 거두었다. 스포츠를 통해 사람들은 대개 경쟁심과 승부욕을 배우기 마련인데 특이하게도 김택진은 겸손을 배웠다고 한다. 지역 대회에서는 그래도 잘나갔는데 정작 서울시 전체에서 개최하는 대회에 나가서는 성적이 좋지 못했다. 큰 대회에서 자신보다 월등히 뛰어난 사람들이 많다는 걸 발견하고는 세상에 정말 많은 실력자들이 존재한다는 것을 뼈저리게 느꼈다. 한때나마 자신이 대단한 육상 선수라고 생각했던 김택진은 자신이 세상 물정 모르는 우물 안 개구리였다는 점을 뼈저리게 깨달은 것이다. 그래서 그는 이때부터 최고가 되겠다는 생각을 버렸다. 세상에 수없이 많은 고수들과 경쟁해서 최고가 되겠다는 생각보다는 오히려 자신이 정말 좋아하는 일에 최선을 다함으로써 스스로 성취감을 느끼는 것이 더 값진 인생이라고 생각했다.

어린 시절 김택진은 보통 아이들처럼 아톰이나 마징가 같은 로봇을 주제로 한 만화에도 사로잡혔다. 이 덕분에 김택진의 관심사는 자연스럽게 과학 분야로 발전하였다. 과학의 기본은 수학이라는 말에 그는 열심히 수학 공부를 했고, 중학교 시절에 이미 고등학교 수준의 수학을 마스터할 수 있었다. 수학을 공부하면서 김택진은 세상의 원리에 더욱 집착하게 되었다. 그는 라디오키트를 구입해서 조립하지는 않고 기판을 보며 기계의 작동 원리를 이해하기 위해 고심하였다. 어린 시절부터 궁금한 것은 참지 못하는 호기심 많은 소년이었던 김택진 이었지만 정작 그는 고등학교 때까지 의사나 변호사 같은 근사한 직업을 가질 생각이었다.

그러던 어느 날 한 살 아래 동생 방에 우연히 들어갔다가 완전히 새로운 미래를 보게 된다. 동생 방에는 개인용 컴퓨터의 효시인 애플 Ⅱ가 있었다. 그는 애플 Ⅱ를 보자마자 그야말로 한눈에 반해버렸고 컴퓨터의 세계에 빠져버렸다. 오늘날 게임계를 대표하는 최고의 크리에이터들이라고 할 수 있는 빌 로퍼[Bill Roper](〈스타크래프트〉, 〈디아블로〉), 존 카멕[John Carmack](〈둠〉, 〈퀘이크〉), 사카구치 히로노부[坂口博信](〈파이널 판타지〉)는 애플 Ⅱ를 통해서 개발자의 꿈을 꾸었다. 그러나 김택진은 다른 게임 크리에이터들과는 다르게, 애플 Ⅱ로 무엇인가를 새롭게 개발하는 것보다 컴퓨터의 근본적인 작동 원리를 알고 싶어 했다. 컴퓨터란 실리콘과 같은 반도체의 조합으로 이루어져 있다. 김택진은 컴퓨터의 핵심 부품인 반도체 연구를 위해서 서울대학교 전자공학과에 입학하게 된다.

한/글로 한국을 버전업시키다

1985년 한국 최고의 명문대인 서울대학교 전자공학과에 입학했지만 김택진은 금방 실망하고 말았다. 하루라도 빨리 컴퓨터라는 것을 완전히 마스터하고 싶었는데 아직 우리나라에서는 그의 지적 욕구를 충족시켜줄 만한 사람이 없었다. 결국 김택진은 스스로 모든 것을 터득할 수밖에 없었다. 그는 당시 컴퓨터의 메카인 청계천 세운상가에서 살다시피 하면서 컴퓨터에 관련된 소식을 하나라도 알아내려 하였고 외국 최신 서적을 입수하여 탐독하여나갔다. 새벽이 온지도 모른 채 책에 몰입한 적이 한두 번이 아니었다. 그러다가 컴퓨터에 대한 새로운 원리를 하나 터득할 때마다 그 기쁨에 눈물까지 흘러가면서 컴퓨터를 정복하여나갔다.

그렇게 컴퓨터에 매진하던 어느 날 평소처럼 컴퓨터의 전원을 켜던 순간 그의 머릿속에서는 컴퓨터가 켜져서 메모리에 데이터가 저장되고 CPU가 데이터를 처리해서 그래픽카드로 데이터를 보내고 이를 모니터 화면으로 표시되는 모든 전기적 과정이 머릿속에서 그려지기 시작했다고 한다. 마치 영화 〈매트릭스〉에서 네오가 가상세계인 매트릭스의 세상을 깨닫고 파란색의 2진수 화면으로 사물을 바라볼 수 있었듯이 김택진은 컴퓨터가 돌아가는 내부 구조와 작동 원리를 확연히 깨닫게 되었다. 이렇게 컴퓨터의 작동 원리를 완벽하게 이해하게 되자 그는 컴퓨터를 활용해서 뭔가 의미 있는 일을 하고자 하였다.

원래 김택진은 한국에서 애플 컴퓨터 같은 하드웨어를 제작하겠다는 야심을 가지고 있었다. 하지만 김택진의 관심은 점차 소프트웨어로 옮겨갔고 결국 그는 컴퓨터 프로그래밍의 세계로 입문하게 된다. 하지만 그가 다니던 전자공학과는 소프트웨어와는 거리가 먼 학과였고, 주변 친구들은 소프트웨어로 돈을 벌 수 있을지 걱정했다. 사실 김택진 자신도 프로그래밍은 취미 활동이라고 생각하며 소프트웨어를 공부했다.

하지만 전문 분야인 하드웨어가 아닌 소프트웨어 분야는 혼자서 모든 것을 다하는 데 무리가 있었다. 그래서 김택진은 자신과 비슷한 유전자를 가진 사람들이 모여 있는 컴퓨터 동아리를 찾아 나섰다. 학생회관 2층에 있던 SCSC(서울대학교 컴퓨터 연구 동아리)의 문을 열고 들어가는 그 순간 펼쳐진 동아리방 안의 풍경을 보면서 김택진은 자신의 인생이 달라지게 되리라는 것을 직감할 수 있었다. 지금도 그는 학과보다도 동아리 활동이 자신에게 더 중요했었다고 말한다. 동아리 활동을 하면서 미래에 대한 꿈을 키운 그는 대학 졸업 후에도 그때 꾸었던 꿈들을 이루기 위해서 인생을 살았다고 생각할 정도이다.

그가 대학교 2학년 때 유닉스UNIX가 서울대학교에 도입되었는데 당시만 해도 유닉스를 다룰 줄 아는 사람이 별로 없었다. 동아리를 통해서 유닉스를 운영할 사람을 뽑았는데 여기에 지원하면서 김택진은 유닉스의 세계에 빠져들게 된다. 유닉스를 통해서 프로그래밍 공부를 하던 그는 틈틈이 유닉스용 게임을 즐기기도 했다. 그가 특히 좋아했던 게임은 텍스트 게임 〈로그〉와 〈넷핵〉으로, 그가 나중에 게임 개발자의 꿈을 꾸는 데 결정적인 영향을 주기도 했다. 게임에 빠져서 밤을 새기도 했던 그는 한 번에 승부를 내는 것이 아니라 지하 세계를 모험하면서 갖가지 상황을 극복하는 과정을 즐겨야 하는 〈로그〉와 〈넷핵〉의 매력에 푹 빠져들었다.

동아리에서 자신처럼 컴퓨터에 미친 사람들과 함께 공부하며 김택진의 실력은 일취월장하였다. 아마추어임에도 불구하고 PC 통신 기반의 전자게시판 '버들골 BBS'를 만들어냈을 정도였다. 그는 컴퓨터 프로그래밍이란 시를 쓰거나 그림을 그리는 것과 같은 예술이라고 생각했다. 시인이 머릿속에 있는 여러 이미지들을 글을 통해서 표현해내듯이 김택진은 자신이 꿈꾸는 모습들을 컴퓨터로 구현해내었다. 화가가

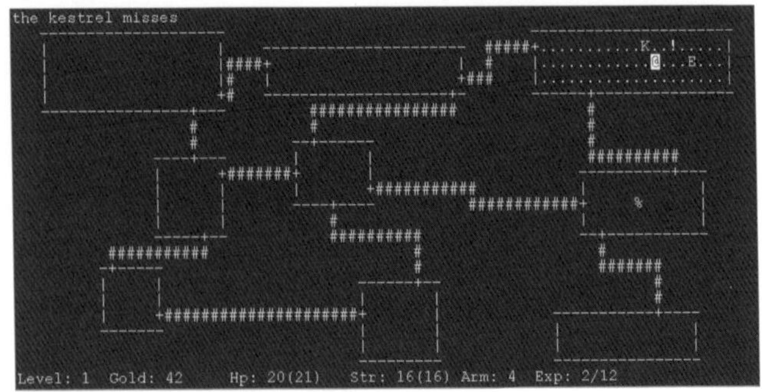

〈로그〉의 화면(@가 플레이어, K는 적)

도화지에 그림을 그리듯이 김택진은 컴퓨터 모니터 화면 속에 그림을 그렸던 것이다.

그가 컴퓨터 연구 동아리에서 단연 두각을 나타내자 당시 서울대학교 기계공학과에 다니던 이찬진은 김택진에게 함께 워드프로세서 개발을 하자고 제안하였다. 이찬진은 대학교 리포트를 작성하는 데 컴퓨터를 이용하면 훨씬 편할 것이라고 생각했고 이를 위해서 워드프로세서를 개발하기로 마음먹고 있었다. 물론 이전에도 몇 개의 워드프로세서가 존재했지만 일반인들이 사용하기가 불편했고 여러 가지로 부족한 점이 많았다. 그래서 이찬진은 후배인 김형집과 우원식을 포섭하여 워드프로세서 개발을 진두지휘하였다. 하지만 워드프로세서 개발은 그래픽 처리 부분에서 난항을 거듭하였다. 그래서 이에 대한 해결사로 이찬진이 특별히 영입한 인물이 바로 김택진이었다.

김택진은 원리에 집착하던 인물이었던 만큼 그가 사용한 프로그래밍언어는 기계어에 가까운 어셈블리어였다. C언어나 베이식BASIC처럼 개발할 때 일반적으로 사용되는 프로그래밍언어는 컴퓨터가 이해할 수 있는 기계어로 변환되는 과정을 거쳐야 한다. 반면, 어셈블리어는 기계어 그 자체와 대응하기 때문에 따로 변환의 과정을 거칠 필요가 없어 빠른 처리 속도를 자랑한다. 특히 그래픽 처리 부분은 컴퓨터에서 가장 속도를 잡아먹기 때문에 어셈블리어로 그래픽 처리 부분을 개발하면 많은 부분에서 이득을 얻을 수 있었다. 이찬진이 팀의 구세주로 어셈블리어 전문가인 김택진을 스카우트하려 한 건 당연한 선택이었다. 이찬진의 제의에 김택진은 바로 워드프로세서 개발팀에 합류하기로 결정한다.

김택진은 한창 민주화 운동이 한창이던 85학번이었다. 그래서 자신도 민주주의를 위하여 거리에 나가서 투쟁해야 하는 것이 아닌가 하고 스스로 자책하기도 하였다. 하지만 그에게는 한국에서 민주주의는 시대적 대세이므로 반드시 이루어지고 말 것이라는 확신이 있었다. 따라서 민주주의 이후 대한민국의 발전을 위해서 뭔가 의미 있는 일을 해야 한다고 생각했다. 컴퓨터야말로 대한민국의 미래라고 생각하고 있던 차에 워드프로세서 개발은 김택진에게 매력적인 제안이었다. 세종대왕이 창시한 한글을 컴퓨터에서 자유롭게 쓸 수 있게 하는 일이야말로, 거리에서 민주주의를 위해 투쟁하는 것만큼이나 조국을 위한 값진 행동이라고 생각했다. 그래서 그는 한글 운동을 한다는 각오로 워드프로세서 개발에 매진했다. 반짝하는 인기보다는 사람들에게 오래 남는 작품을 만들고 싶었던 그는 새벽 1~2시에나 집에 들어갈 정도로 개발에 몰두했다.

그렇게 개발된 한/글은 1989년 발표되자 우리나라 소프트웨어 산업의 효시로 불릴 만큼 사회 전반에 엄청난 반향을 불러일으켰다. 사람들이 오직 한/글을 쓰기 위해서 컴퓨터를 구매할 정도로 킬러 애플리케이션의 역할을 톡톡히 하였다. 마치 미국에서 로터스 1-2-3^{Lotus 1-2-3}와 같은 스프레드시트 프로그램 덕분에 컴퓨터 이용 인구가 늘어났듯 한/글이 바로 그런 역할을 하였다. 한/글은 리포트를 작성해야 하는 대학생들에게는 어느덧 필수적인 소프트웨어로 자리 잡으면서 명성을 쌓아갔다.

한/글이 폭발적인 인기를 끌 수 있었던 것은 누구나 쉽게 쓸 수 있는 그래픽 기반의 인터페이스를 갖추고 있었기 때문이었다. 한/글 이전의 워드프로세서는 마치 도스^{DOS}에서 명령을 내리듯이 텍스트로 입력을 해주어야 했다. 그래서 일반 사람이 사용하기에는 보통 어려운 것이 아니었고 실제로 워드프로세서를 입력하기 위해서는 각종 복잡한 명령어와 코드를 암기하여야 하는 전문가가 되어야 했다. 하지만 한/글은 메뉴에서 유저가 원하는 명령을 선택만 하면 되었다. 이는

국민 워드프로세서라고 할 수 있는 한/글

텍스트 기반의 도스에서 그래픽 기반의 윈도우로 발전하는 것만큼의 큰 혁명이었다. 결국 그래픽 처리 부분을 담당한 김택진의 뛰어난 능력이 빛을 발하는 순간이었다.

또한 과거의 워드프로세서는 글자 하나를 입력하고도 컴퓨터 화면에 그 글자가 표시되기까지는 잠시 기다려야만 했다. 하지만 한/글은 입력 즉시 화면에 바로 출력되었는데 이 역시 어셈블리 전문가인 김택진이 데이터를 실시간으로 처리할 수 있도록 프로그램의 속도를 향상시켰기 때문이었다. 화면에서 보이는 글자 등이 프린트된 결과와 동일하게 출력하게 해주는 위지위그^{WYSIWYG} 기능 역시 김택진의 작품이었다.

한/글이 출시 후 선풍적인 인기를 끌자 이찬진은 우원식, 김형집과 함께 1990년 한글과컴퓨터라는 회사를 창업하게 된다. 하지만 김택진은 학교에 남아 학생들을 가르치는 교수가 되기 위해서 대학원에 입학한다. 이 당시 그는 사람들이 처음 컴퓨터를 입문할 때 키보드의 자판을 익히는 데 애를 먹는다는 것에 착안하여 한메 타자교사라는 프로그램을 개발하여 1989년 한메소프트를 직접 창업한다.

당시만 해도 PC에서는 한글이 지원되지 않았다. 한글을 사용하기 위해서는 고가의 한글 지원 카드를 별도로 구입해야만 했다. 컴퓨터에서 자유롭게 한글을 쓸 수 있는 환경을 만들어내는 것이야말로 자신의 사명으로까지 생각했던 김택진은 이를 해결하기 위한 연구에 돌입한다. 그렇게 해서 완성된 제품이 한메 한글이었다. 당시 도스와 윈도우 같은 운영체제뿐만 아니라 각종 응용프로그램에서 자유롭게 한글을 사용할 수 있도록 도와준 한메 한글의 등장은, 한/글만큼이나 컴퓨터 업계에 신선한 충격을 던져주었다.

이때 김택진은 게임과도 처음 인연을 맺게 된다. 사람들이 컴퓨터 자판에 익숙해질 수 있도록 도와주는 프로그램인 한메 타자교사를 만들면서, 그 안에 베네치아라는 게임을 포함했다. 베네치아는 〈테트리스〉처럼 화면 위에서 특정 단어들이 밑으로 떨어지면 사용자들이 화면 하단에 글자가 닿기 전에 재빠르게 그 단어를 입력해야 하는 게임이었다. 한메소프

트 역시 대한민국 컴퓨터 역사에 매우 중요한 역할을 담당했
지만 김택진은 아직 본격적인 사업가의 길을 시작한 것은 아
니었다. 김택진의 관심사는 여전히 훌륭한 인재들에게 도움
을 주는 교수가 되는 것이었다.

새로운 도전

대학원 졸업 후 박사과정에 진학하려던 김택진에게 현대전자가 산업기능요원의 혜택과 해외연수를 보장하면서 취직을 제안한다. 그런데 이때 마침 공교롭게도 그는 7년 동안 사귀던 애인과 이별한 직후라 실연의 아픔을 겪고 있었다. 김택진은 실연의 상처를 잊기 위해 현대전자가 제안한 해외연수를 떠나기로 결심한다. 눈에서 멀어지면 마음에서도 멀어진다는 생각에서였다.

1991년 미국의 보스턴 전자연구소에 도착한 김택진은 열악한 환경에 경악하고 말았다. 방은 한 칸밖에 없었고 혼자 모든 것을 다 처리하여야 했다. 고생길이 훤한 미국행이었지만 그의 선택은 큰 행운이 되어 돌아온다. TCP/IP 기반의 인터넷을 처음 목격하게 된 그는 처음 컴퓨터를 봤을 때만큼의 충격에 빠지게 됐다. 컴퓨터에서 자유롭게 한글을 쓸 수 있게 만들겠다는 하나의 사명을 완수해내자 또다시 새로운 도전거리가 등장한 것이었다. 전 세계의 컴퓨터를 서로 연결시켜 주는 인터넷 환경을 구성하기 위해서는 일종의 통신 표준 규약인 TCP/IP 기술을 마스터하여야 했다.

미국행이 그에게 가져다 준 또 다른 소중한 경험은 미국의 벤처기업들을 직접 지켜볼 수 있게 해주었다는 점이다. 특히 그가 주목한 회사는 FTP였다. IBM PC에서 인터넷이 가능하도록 만들기 위해서 TCP/IP를 연구하는 이 회사를 보면서 김택진은 한국에도 인터넷을 전파하겠다는 각오로 TCP/IP 연구에 몰두하게 된다. 당시만 해도 인터넷에서 한글이 안 되던 시기였던 만큼 그는 한글을 사용할 수 있는 TCP/IP 서비스를 만들기로 한다. 그의 한글 운동이 인터넷으로 발전된 것이다.

1년 6개월 동안 연구에 매진한 끝에 한국으로 돌아온 김택진은 1995년부터 1996년까지 한국 최초의 인터넷 기반의 포털 서비스인 아미넷(지금의 신비로) 개발에 매진한다. 현대전자에서 김택진은 다양한 애플리케이션을 개발하였는데, 그중 특히 그의 인상에 남은 서비스는 댓글 시스템이었다. 개방과 커뮤니케이션을 중요하게 여기는 인터넷의 철학을 잘 담아내었기 때문이다. 당시만 해도 게시판에 글을 쓰고 읽는 방식만 있었기 때문에 댓글 시스템은 매우 획기적인 서비스로 사람들에게 큰 환영을 받았다.

현대전자에서 김택진은 산업기능요원임에도 불구하고 매

년 승진에 승진을 거듭하였고, 고故 정주영 회장이 주목하는 인물이 될 정도였다. 그런데 이 당시 현대그룹 내부에서는 김택진이 구축한 인터넷 서비스인 아미넷을 두고서 분열이 일어난다. 처음 사업을 시작한 현대전자에서는 아미넷 서비스를 계속 운영하려 했는데 현대정보통신 사업부에서 아미넷을 가져가려고 한 것이다. 현대전자와 현대정보통신이 서로 인터넷사업 분야를 전담하기 위해서 주도권 싸움을 하자 정작 아미넷의 총 개발 책임자인 김택진은 이러지도 저러지도 못하는 진퇴양난의 상황에 놓이게 되었다. 1년 넘게 사업은 표류하게 되었고, 이러한 그룹 간의 파워 싸움을 지켜보면서 그는 대기업에 대한 염증을 느끼게 되어 회사를 새롭게 세울 결심을 하였다.

김택진이 독립하겠다고 하자 현대라는 안정적인 대기업을 다니던 동료들이 덩달아 사표를 쓰고 그야말로 아무런 밑천도 없는 새로운 회사에 합류하였다. 1997년 김택진이 창업한 회사가 바로 오늘날 벤처기업의 시작이라고 불리는 엔씨소프트이다. 엔씨소프트라는 이름은 새롭게 회사를 창업하기 전에 뜻을 함께하는 직원들 사이에서 다음 회사의 구상한다는 의미로 불렀던 'Next Company'의 약자였다. 이 당시 프로그래머로서 김택진의 능력은 마이크로소프트도 인정할 만큼 뛰어나, 그를 1998년 마이크로소프트 리저널 디렉터Regional Director로 선정할 정도였다. 리저널 디렉터란 MS의 제품들을 무료로 제공받고 제품에 대한 의견을 모니터링하는 일을 하는데, 각 나라에서 한두 명밖에 뽑지 않는다. 리저널 디렉터가 되었다는 것은 김택진이 명실공히 한국 최고의 프로그래머이자 컴퓨터 전문가임을 공식적으로 인정받은 것과 마찬가지였다.

엔씨소프트는 창업하자마자 SK로부터 인터넷 기반의 PC통신서비스인 넷츠고 프로그램 제작을 의뢰받았다. 국내 최초로 100% 순수 인터넷 기반의 넷츠고 서비스를 성공적으로 구축하면서 엔씨소프트는 명성을 쌓았고 그 덕분에 대우, KCC, 금호 등의 유수 기업들의 인터넷 환경을 구축해주면서 자금의 여유가 생겼다. 이와 함께 김택진은 뭔가 다른 인터넷 서비스를 만들고 싶어졌다. 한국에도 정보를 제공하는 다른 인터넷 업체들이 속속 생겨나고 있었다.

김택진은 정보가 아닌 즐거움을 주는 엔터테인먼트 도구로서 인터넷을 활용하고 싶었다. 특히 그는 소프트웨어를 수출하고 싶다는 강력한 목표를 가지고 있었다. 한/글을 만들어서 많은 사람들이 사용하게 만들었지만 결국 한국 시장에 한정되어 있었다는 사실에 큰 아쉬움을 가지고 있었다. 수출이야말로 애국이라고 배웠던 그는 자신이 만든 소프트웨어를 외국으로 수출하고 싶은 열망에 빠져 있었다. 하지만 한/글 개발을 통해서 명백한 한계를 경험한 만큼 기존에 만들었던 제품이 아니라 새로운 것에 도전해야 한다고 생각했다. 특히 새롭고 창의적인 일을 하고 싶었던 김택진은 이미 틀이 잡힌 사무용 프로그램보다는 창조성을 발휘할 수 있는 분야에 진출하고 싶었다. 엔터테인먼트, 수출, 창조성이라는 세 가지 키워드를 충족시킬 수 있는 분야를 찾던 중 결국 김택진은 엔씨소프트의 차세대 사업으로 게임을 심각하게 고민하게 된다.

✚국내 최초의 게임 개발 기록

1987년   국내 최초의 애플 게임 〈신검의 전설〉

1992년   국내 최초의 VGA 컬러 게임 〈세균전〉

1992년   국내 최초의 비행슈팅 게임이자 상용 게임인
         〈폭스레인저〉

1993년   국내 최초의 롤플레잉게임 〈수퍼샘통〉

1993년   국내 최초의 만화 원작 게임 〈원시소년 토시〉

1993년   국내 최초의 온라인게임(MUD) 〈단군의 땅〉 서비스 시작

1993년   국내 최초의 어드벤처 게임 〈파더월드〉

1993년   국내 최초의 음성지원 게임 〈그날이 오면3〉

1993년   국내 최초의 상용 온라인게임(MUD) 〈쥬라기 공원〉 서비
         스 시작

1994년   국내 최초의 2인 동시 아케이드 게임 〈피와 기티〉

1994년   국내 최초의 3D 슈팅 게임 〈하데스〉

1995년   국내 최초의 RTS 게임 〈광개토대왕〉

1995년   국내 최초의 일본 미국 수출 게임 〈인터럽트〉

1996년   국내 최초의 상용 그래픽 온라인게임 〈바람의 나라〉 서비
         스 시작

1996년   국내 최초의 육성 시뮬레이션 게임 〈장미의 기사〉

1997년   국내 최초의 폴리곤 게임 〈왕도의 비밀〉

1997년   국내 최초의 풀3D 롤플레잉게임 〈지무신대전 네크론〉

1999년   국내 최초의 3D 격투 게임 〈하트브레이커즈〉

1999년   국내 최초의 웹게임 〈아크메이지〉 서비스 시작

2001년   국내 최초의 풀3D 온라인게임 〈뮤〉 서비스 시작

2002년   국내 최초의 온라인 FPS 〈카르마 온라인〉 서비스 시작

2004년   국내 최초의 온라인 골프 게임 〈팡야〉 서비스 시작

출처: 『대한민국 IT史 100』(김중태, e비즈북스. 94쪽) 등

송재경이라는 날개를 얻다

현대전자에 있을 당시 김택진에게 천우신조와 같은 행운이 굴러 들어온다. 게임계에서 천재라고 명성이 자자한 송재경(현 XL게임즈 사장)으로부터 긴급한 도움 요청이 온 것이다. 당시 카이스트를 나와 한글과컴퓨터에 있던 송재경은 이후 국내 최초의 그래픽 온라인게임인 〈바람의 나라〉로 세상을 깜짝 놀라게 할 인물이었다.

송재경은 학창시절부터 게임에 푹 빠져 있었다. 그의 게임 인생은, 최초로 상업적 성공을 거둔 게임 〈퐁〉에 심취했던 것으로부터 시작해 〈스페이스 인베이더〉, 〈팩맨〉, 〈로드런너〉로 이어졌다. 1986년 서울대학교 컴퓨터공학과에 수석으로 입학한 송재경은 자신의 인생 최초로 컴퓨터를 가지게 된다. IBM PC 호환 컴퓨터를 당시 100만 원이라는 거금에 구입한 것이었다. 그는 이 컴퓨터를 이용해서 생애 최초의 게임을 만든다. 자동차를 피하는 레이싱 게임이었는데, 이를 만든 그는 학교에서 내는 리포트 과제도 게임으로 만들어서 제출할 정도로 게임에 깊은 관심을 가지고 있었다. 하지만 정작 그는 게임 개발자가 될 생각은 하지 못하였고 게임에만 관심을 가진 것도 아니었다. 한번은 한글 워드프로세서를 개발할 생각을 해보게 되지만 한/글이 등장하자 혼자 힘으로는 더 훌륭한 소프트웨어를 만들 수 없다는 결론을 내리고 관심도 줄어들게 된다.

원래 장래 희망 자체가 없었던 그는 취직을 하기보다는 자신의 미래에 대해서 다양한 문을 열어두기 위해서 대학을 졸업한 이후 카이스트로 진학하게 된다. 카이스트는 학비가 면제되고 기숙사도 무료였기 때문에 혼자만의 공간을 원했던 송재경에게는 최적의 장소였다. 카이스트에서 송재경은 한국 인터넷의 아버지 혹은 대부라고 불리는 전길남 박사 밑에서 학업을 이어가게 된다.

전길남 박사는 1979년 박정희 정부의 해외과학자유치사업 때 귀국한 과학자로 이미 미국에서 빈트 그레이 서프^{Vinton Gray Cerf}와 함께 인터넷을 개발한 바 있으며 한국을 세계 두 번째로 인터넷이 가능한 나라로 만들어 세상을 깜짝 놀라게 한 인물이다. 지금도 존경하는 인물로 전길남 박사를 뽑는 송재경은 그의 밑에서 많은 영감과 자극을 받았다.

특히 송재경이 전길남 박사를 만나면서 얻게 된 행운은 인터넷을 직접 목격할 수 있었다는 사실이다. 전길남 박사는 미국에서 근무하면서 인터넷의 중요성을 깨달았는데, 송재경은 전 박사 덕분에 인터넷의 최전선에서 네트워크를 연구할 수 있었다. 전길남 박사를 통해서 알게 된 인터넷 세상은 송재경에게 지금까지도 그의 게임 인생에 절대적인 영향을 끼치고 있다. 그의 게임들이 모두 네트워크를 바탕으로 하고 있는 것만 봐도 그렇다. 송재경 외에도 전길남 박사의 열정과 노력 덕분에 그의 제자들은 한국 인터넷 발전에 혁혁한 공로를 세우게 된다. 그 가운데에는 국내 최초의 인터넷 전문 회사였던 아이넷의 창업자이자 현재 인터넷기업협회 회장으로 있는 허진호를 비롯하여 전 솔빛미디어 대표이사인 박현제와 전 삼보컴퓨터 대표이사인 정철 등이 있다.

송재경은 여러 가지로 김택진과 비슷한 면이 있었다. 도스나 윈도우에서 한글을 쓸 수 있는 세상을 만들기 위해서 김택진이 한/글을 만들고 한메소프트를 창업했듯이, 송재경은 유닉스에서 한글을 사용할 수 없다는 점에 착안해서 유닉스에서 한글을 사용할 수 있도록 도와주는 프로그램 한텀을 개발하게 된다.

지도교수로부터 공부만 너무 열심히 해봐야 바보 된다는 말을 들은 송재경은 학문보다는 자신이 좋아하는 게임에 더욱 빠져들었다. 김택진도 즐겼던 게임인 〈로그〉와 〈넷핵〉에 빠져든 그는 48시간 연속으로 게임을 할 정도였다. 이렇게 게임에 빠져들면 역시 게임을 직접 만들고 싶어지기 마련이다. 석사과정을 끝내고 겨울방학을 맞이하게 된 송재경은 소스가 공개되어 있던 머드 게임 〈DIKU〉를 수정해서 〈KIT-MUD〉라는 머드를 만들었다. 머드Multi-User Dungeon 게임이란 그래픽이 아니라 채팅처럼 텍스트로만 진행하는 다인용 롤플레잉게임이다. 송재경은 당시에 외국 개발자들과 교류하면서 게임 개발과 관련된 여러 의견을 주고받으면서 게임에 대한 다양한 시각과 통찰력을 얻게 된다. 이때의 경험은 나중에 그래픽 기반의 온라인게임을 개발하는 데 소중한 자산이 된다.

이렇게 게임을 좋아하고 직접 게임을 만들던 송재경이었지만 여전히 게임 개발자로 전면에 나서지는 못한다. 어머니의 부탁으로 돈을 벌기 위해서 취직을 해야만 했다. 서울대학교에서 카이스트로 이어지는 엘리트 코스를 걸어온 만큼 대기업에 취업할 수 있는 충분한 스펙이 있었지만 송재경은 벤처기업인 한글과컴퓨터를 선택하여 1993년 입사하게 된다. 한글과컴퓨터에 입사한 송재경은 한텀을 더 강화시킨 한터를 개발하게 된다.

이때 마침 한글과컴퓨터는 회사의 젖줄이라고 할 수 있는 한/글의 개발에 어려움을 겪고 있었다. 윈도우 버전 개발에 계속해서 실패를 하자 한글과컴퓨터는 김택진에게 SOS를 친다. 당시 현대전자 직원이었던 김택진은 회사의 협조를 얻어서 한글과컴퓨터에 파견근무를 나간다. 이것이 김택진과 송재경의 첫 만남이었다. 둘은 게임 마니아라는 공통점 덕분에 쉽게 친해질 수 있었다. 특히 텍스트 기반의 롤플레잉게임인 〈로그〉에 심취했던 김택진은 게임 플레이에 만족하지 않고 로그의 게임 소스를 수집하여 매일 연구 중이었다. 마침 송재경도 〈로그〉를 무척 좋아했고, 이를 계기로 둘은 언젠가 〈로그〉와 같은 롤플레잉게임을 같이 개발하자고 의기투합하게 된다.

김택진은 현대전자의 산업기능요원이었기 때문에 어쩔 수 없이 현대전자로 복귀할 수밖에 없었다. 하지만 송재경은 한글과컴퓨터를 그만두고 평생의 열망이었던 게임 개발을 본격적으로 시작하였다. 이때 탄생한 작품이 1994년 한국 최초로 상용화된 머드 게임 〈쥬라기 공원〉이었다.

〈쥬라기 공원〉은 당시 마리텔레콤이 제작한 〈단군의 땅〉과 함께 PC 통신에서 최고 인기 있는 유료 컨텐츠로 이름을 날렸다. 솔직히 필자는 분당 30원씩이나 하는 그 게임에 사람들이 왜 그토록 열광하는지 몰랐다가 호기심에 한번 플레이한 후 중독되었던 경험을 가지고 있다. 한 달 동안 요금만 10만 원이 넘게 지불하도록 했으니 실로 중독적이었던 게임이었다.

〈쥬라기 공원〉의 성공은 이제 한국에서도 게임이 시장에서 수익을 창출할 수 있는 모델이 될 수 있다는 것을 증명해 주었다는 의미가 있다. 아마추어들이 동아리 수준에서 순수

```
   쥬라기 빌딩의 1층 로비입니다.  쥬라기 빌딩은 쥬라기 공원과 다른
세계를 연결해주는 곳입니다.  다른 층으로 이동하기 위한 엘리베이터와
쥬라기공원에 처음 오신 분들을 위한 안내실이 있습니다.
 쥬라기 빌딩에 대한 설명이 적혀있는 안내판과 게시판이 있습니다.
...
.0-   갈 수 있는 곳은 동, 공원, 안내실, 승강기이다.
...
   * 아이템들을 동전으로 교환해주는 교환기
쥬라기 공원 관람객 게시판 [18 게시물들 18 새것]
   * 쓸모없는 물품들을 소각하는 소각기
   * 명예의 전당에 기록된 사람들의 이름이 적힌 퀘스트북
[56/56]          << 쥬라기 휴게실 >>

빌딩 1층에 동쪽에 있는 쥬라기 휴게실이다. 여러 기계가 놓여질 것이고
앞으로 작은 놀이기구들이 설치될 방이다. 한쪽에는 복권자동판매기가
놓여져있고, 그 앞에서 많은 사람들이 일확천금을 노리고 복권을 긁고 있다.
...
-0.   갈 수 있는 곳은 서뿐이다.
...
   * 복권을 자동으로 판매하는 복권판매기
   * 쓸모없는 물품들을 소각하는 소각기
Σ-Φ→POLICE 경호원 세이가 자고 있다.
   * 공원을 관리하는 직원용 컴퓨터
Σ-Φ→POLICE 초소운영 운영자가 자고 있다.
[56/56]
        ---===<< 쥬라기 공원 로비 >>=====---

   쥬라기 빌딩의 1층 로비입니다.  쥬라기 빌딩은 쥬라기 공원과 다른
세계를 연결해주는 곳입니다.  다른 층으로 이동하기 위한 엘리베이터와
쥬라기공원에 처음 오신 분들을 위한 안내실이 있습니다.
 쥬라기 빌딩에 대한 설명이 적혀있는 안내판과 게시판이 있습니다.
...
.0-   갈 수 있는 곳은 동, 공원, 안내실, 승강기이다.
...
   * 아이템들을 동전으로 교환해주는 교환기
쥬라기 공원 관람객 게시판 [18 게시물들 18 새것]
   * 쓸모없는 물품들을 소각하는 소각기
   * 명예의 전당에 기록된 사람들의 이름이 적힌 퀘스트북
[56/56]
```

송재경이 개발한 최초의 유료 머드 게임 〈쥬라기 공원〉

한 열정으로 옥탑방에서 컵라면이나 먹으면서 게임을 만들던 단계를 지나, 게임이 수익창출이 충분히 가능한 사업분야로 당당히 인정받게 된 것이다.

당시 게임 회사들은 창업투자사에게 투자를 요청해도 사업계획서 검토 단계에서 거절당해야만 했다. 투자 제안서에서 가장 중요한 것은 실제 성공 사례를 예로 들고 그것보다 더 경쟁력 있는 제품을 만들고 있음을 설득해야 한다. 하지만 사례로 쓸 만한 돈을 번 게임이 없으니 창업투자사에서 투자

제안을 순순히 받아줄 리가 없었던 것이다.

　하지만 〈쥬라기 공원〉의 등장 이후에는 확실히 모든 것이 달라졌다. 성공한 수익 모델로 〈쥬라기 공원〉을 예로 들 수가 있었기 때문이다. 〈쥬라기 공원〉 이후 정말 많은 곳에서 〈쥬라기 공원〉을 흉내 내며 텍스트 머드 게임을 발매하였다. 당시 가장 인기 있었던 하이텔에서만도 무려 30개가 넘는 온라인게임을 서비스했다. 중소형의 PC 통신사가 오픈할 때면 어김없이 머드 게임을 핵심 컨텐츠로 소개하였다. 게임을 인기 컨텐츠로 자리 잡게 만든 〈쥬라기 공원〉의 성공 모델 덕분으로 많은 회사들이 투자를 받는 계기가 마련된 것이었다. 이렇듯 동아리 수준의 게임 개발사들이 기업으로 변모하는 데 절대적 공헌을 한 것이 바로 송재경이다.

　여기서 나아가 텍스트 기반 게임의 한계에 아쉬워하던 송재경은 세계 최초의 그래픽 기반 온라인 롤플레잉게임을 개발할 계획을 세우게 된다. 이때 그가 처음 찾아간 인물도 역시 김택진이었다. 게임에 대한 공동의 꿈을 이루기 위해서였다. 송재경은 서울대학교 동기 동창인 김정주와 함께 김택진을 찾아갔으나 여전히 김택진은 회사를 그만둘 수가 없었다. 결국 송재경은 김정주와 함께 50:50으로 지분을 나누어 넥슨을 공동 창업하게 된다.

　송재경의 동기 동창이자 함께 카이스트를 다녔던 김정주는 초등학교 시절 동아 콩쿠르에서 바이올린으로 대상을 받을 정도로 음악에 심취해 있었다. 하지만 중학교 3학년 때 처음 컴퓨터를 보고 난 후 완전히 달라졌다. 그는 그날부터 온종일 컴퓨터 모니터 앞에서 프로그래밍 공부를 하였다. 대학 역시 컴퓨터에 대한 열정으로 서울대학교 컴퓨터공학과로 진학했다. 대학에서 그는 프로그래밍에 송재경을 만나게 되고 둘은 게임으로 의기투합하게 된다. 송재경과 김정주가 게임 개발을 위해서 첫 번째로 한 일은 한국의 모든 만화책을 읽는 것이었다. 온라인게임은 배경과 설정이 중요하므로 만화를 통해서 아이디어를 얻기 위함이었다.

그런 그들의 마음을 한눈에 사로잡은 만화책이 있었으니 고구려를 배경으로 장대한 스토리가 일품이었던 『바람의 나라』였다. 롤플레잉게임의 경우 유럽의 중세를 배경으로 한 판타지가 일반적이었지만 『바람의 나라』는 한국의 전통 고대사를 소재로 한 만큼 세계관 자체가 독창적이었고 매력적이었다. 김정주와 송재경은 『바람의 나라』를 게임화하기로 결정하고 무작정 작가인 김진을 찾아갔다.

처음 김진 작가는 김정주와 송재경이 찾아와서 『바람의 나라』를 게임으로 만들게 해달라고 할 때만 해도 어리둥절했다. 하지만 두 청년이 자신감 넘치는 소리로 세계 최초로 온라인게임을 개발하는 데 『바람의 나라』가 꼭 필요하다고 하자 게임에 호기심이 생겼다. 초롱초롱한 눈빛으로 게임에 대해 이야기하는 모습에서 그들에게 호감을 느끼게 된 것이다.

이미 김진은 〈창세기전〉의 게임 일러스트 작업에 참여했었기 때문에 게임에 대해 어느 정도 이해할 수 있었다. 김진 작가는 새로운 형태의 게임이라는 점이 우려되었지만 자신을 찾아온 젊은이들의 말에 설득되어 『바람의 나라』가 게임화되는 데 도움을 주기로 하였다. 특히 〈바람의 나라〉를 통하여 현실에는 없는 새로운 세상을 창조한다는 사실이 작가로서 매력적으로 느껴졌기 때문에 자기 작품으로 게임을 만드는 것을 허락해주었다.

송재경은 〈바람의 나라〉에 프로그래머로서만 아니라 기획과 그래픽에도 참여하면서 열성적으로 게임 제작을 진두지휘했다. 이때 같이 작업을 했던 김정주는 송재경의 활약을 지켜보면서 '내가 아는 진정한 슈퍼 천재'라며 극찬을 할 정도였다. 일반 사람이라면 단순히 책을 워드로 그대로 옮기기도 어려울 분량인 3만 줄의 코드를 하루 만에 프로그래밍한 사람이 바로 송재경이었다.

송재경이 게임 개발에 전력을 쏟았다면 김정주는 프로젝트가 완수될 수 있도록 지원하였다. 마치 스티브 워즈니악Steve Wozniak이 애플 Ⅱ 컴퓨터를 만들 때 고故 스티브 잡스Steve Jobs가 투자자를 모집하고 사무실을 청소하는 등 물심양면으로 도움을 주었듯이 말이다. 창업자금 6천만 원으로 사업을 시작했지만, 곧 돈이 떨어졌고 김정주는 한국의 모든 은행과 투자사를 찾아다녀야 했다. 당시만 해도 벤처기업에 대한 인식도 없었고 게임에는 더더욱 부정적인 시절이었기 때문에 자금을 마련하기 어려웠다. IBM에 찾아가 투자를 부탁한 결과 1995년과 1996년에 걸쳐 5천만 원씩 자본을 지원받고 각종 장비도 후원받는 스폰서십을 맺었다. 그리고 김정주는 회사에 확실한 수익 사업이 있어야 한다는 생각에 기업들의 인터넷 홈페이지를 구축해주는 웹 에이전시 일을 일하게 된다. 이렇게 해서 국내 웹 에이전시 1호라는 타이틀을 얻게 된 넥슨은 은행이나 대기업의 홈페이지를 운영해주면서 수익도 내고 회사의 인지도도 넓혀갔다.

대망의 1996년 4월 4일 〈바람의 나라〉는 처음 정식 서비스를 시작하게 되었지만 초기의 실적은 무척 부진하였다. 회원 수는 고자 20~30명에 불과하였고 매출도 100만 원이 되지 않았다. 초기에 〈바람의 나라〉는 사람들에게 그래픽 채팅 게임에 불과하다며 혹평을 듣는다. 이것은 시대를 앞서갔기 때문이었다. 사람들이 막상 게임에 접속해서 무엇을 해야 할지 몰라서 갈팡질팡했던 것이다. 사람들은 〈바람의 나라〉의 귀엽고 깜찍한 아바타를 사용해서 열심히 채팅을 하면서 만족할 뿐이었다.

당시 많은 사람이 〈바람의 나라〉를 아바타 채팅 프로그램으로 알고 있었다. 필자도 그중 한 명이었다. 하지만 〈스타크래프트〉의 인기로 PC방이 활성화되면서 〈바람의 나라〉는 새로운 전기를 마련한다. 급작스럽게 증가한 PC방에서는 〈디

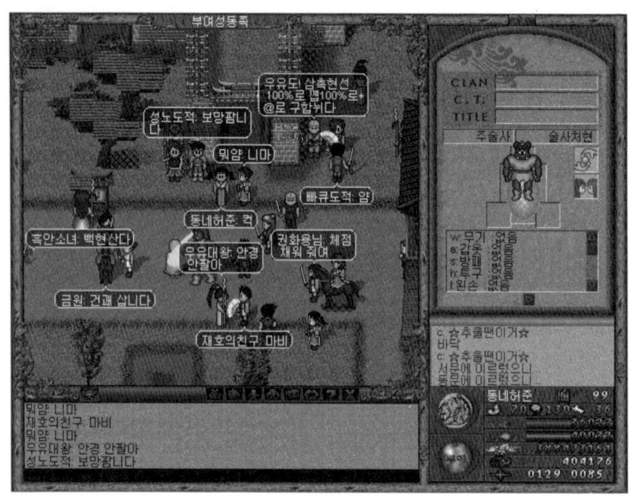

송재경이 개발한 국내 최초의 그래픽 온라인게임 〈바람의 나라〉

아블로〉와 〈리니지〉와 다른 분위기의 게임을 원했다. 그리고 그 틈새시장을 〈바람의 나라〉가 장악하면서 차차 국산 게임 중에서 〈리니지〉 다음가는 최고의 인기 컨텐츠로 자리 잡게 된다. 2011년을 기준으로 〈바람의 나라〉는 어느덧 서비스 15주년을 맞이하였고 대규모 업데이트까지 진행하였다. 이미 1,000회가 넘는 업데이트를 통해서 방대한 양의 컨텐츠가 구축되었으며 현재 누적 접속자 수는 1800만 명에 이르고 있다. 〈바람의 나라〉의 최전성기는 2005년으로 최고 동시접속자 수가 13만 명에 이를 정도였다. 〈바람의 나라〉는 앞으로도 장수하는 게임으로 계속 서비스될 것으로 예상된다.

원작가인 김진 작가도 게임 〈바람의 나라〉의 열혈 팬으로 유명하다. 김진이 게임을 시작하면 출판사에서 난리가 날 정도였다. 초창기만 해도 〈바람의 나라〉는 전화선을 통해서 접속을 했으므로 김진 작가가 게임을 하게 되면 출판사에서 연락할 수 있는 방법이 없었기 때문이다.

그런데 안타깝게도 정작 송재경은 〈바람의 나라〉가 승승장구하는 모습을 지켜보지 못했다. 〈바람의 나라〉가 서비스를 시작한 직후 송재경은 산업기능요원이 되기 위해 넥슨을 퇴사하고 1996년 아이네트에 입사한다. 이때쯤 김택진은 현대전자를 그만두고 엔씨소프트를 창업한 때였다. 그래서 김택진은 한글과컴퓨터에서 송재경과 함께 약속했던 꿈을 이루기 위해 넥슨을 찾아갔다.

처음 김택진은 송재경과 결합하기 위해서 엔씨소프트와 넥슨의 합병까지 생각하고 있었다. 그런데 막상 넥슨을 찾아가자 송재경이 회사를 그만두고 아이네트에 입사했다는 사실을 알게 된다. 그래서 김택진은 다시 송재경이 다니고 있던 아이네트를 찾아간다. 하지만 아이네트의 사장 허진호 박사는 김택진과도 잘 아는 사이였다. 송재경을 엔씨소프트로 데려오는 건 선배인 허진호 박사에게 배신하는 기분이 들 수밖에 없었다. 결국 김택진은 송재경을 포기하고 회사로 돌아온다.

현재의 넥슨이 있을 수 있었던 것은 바로 〈바람의 나라〉 덕분이라고 해도 전혀 이상할 것이 없다. 송재경을 보면 항상 일반 대중보다 한 박자 정도 앞서가는 센스를 가지고 있는 것 같다. 물론 그것을 운이라고 부를 수도 있을 것이다. 솔직히 그라도 PC방의 폭발적인 증가를 예상하지는 못했을 테니 말이다. 하지만 그가 〈리니지〉를 개발한 과정을 보면 확실히 게임 유저들이 어떤 게임을 원하는지를 파악하는 데는 동물적인 감각이 있다.

그런데 1997년 IMF가 터지면서 아이네트에서는 송재경이 야심 차게 진행 중이던 프로젝트 〈리니지〉를 전격적으로 취소시킨다. 애초에 아이네트에서는 게임 프로젝트를 못마땅하게 여기던 차였다. 이때 소식을 접한 김택진은 한걸음에 아이네트로 찾아가 게임개발팀을 인수하겠다고 제안하였다. 아이네트에서는 구조조정 차원에서 게임개발팀을 〈단군의 땅〉을 서비스했던 마리텔레콤에 보내려 했다. 로열티의 10%를 받는 조건이었다. 김택진은 〈리니지〉로 수익이 발생하면 로열티까지 지불하겠다는 좋은 조건을 내걸고 아이네트의 협조를 얻어서 게임개발팀을 영입한다. 말이 게임개발팀을 인수한 것이지 사실은 이 모든 것이 송재경 한 사람을 데려오기 위한 김택진의 결단이었다.

06

엔씨소프트 VS 넥슨

여기서 잠시 엔씨소프트와 함께 한국 게임의 양대 산맥으로 불리는 넥슨과 그 수장에 관해 살펴보자. 엔씨소프트와 넥슨은 그들의 첫 번째 게임을 봐도 확실히 서로 다른 회사임을 알 수 있다. 엔씨소프트의 경우 〈리니지〉가 18세 이상 가능한 게임이었던데 반해 〈바람의 나라〉는 초등학생들이 특히 좋아하는 게임이었다. 이러한 그들의 초기 상황은 지금까지도 그대로 이어지고 있다. 엔씨소프트는 〈리니지2〉와 같이 장대하고 화려한 그래픽으로 중무장한 게임으로 성인들에게 큰 사랑을 받고 있고 넥슨은 〈비엔비(크레이지 아케이드)〉, 〈카트라이더〉, 〈메이플스토리〉 등의 아기자기하고 만화 같은 그래픽으로 어린이들에게 특히 인기가 많다.

또한 엔씨소프트는 우리나라에서 정액제 서비스의 수익 모델을 완성했다면 넥슨은 부분유료화와 캐릭터상품 등 게임을 통한 다양한 수익 창출의 좋은 사례를 만들어냈다. 무료

넥슨의 대표 게임 〈카트라이더〉

게임이었던 〈비엔비〉의 경우 한때 게임 자체 매출보다도 과자나 인형 등에 캐릭터를 라이선스함으로써 더 많은 돈을 벌어들였다. 하나의 상품으로 다양한 부가가치를 창출하는 이른바 원소스멀티유스의 시대를 연 것이었다. 또한 롤플레잉 게임 일색이었던 한국 게임계의 상황에서 남녀노소 누구나 즐길 수 있는 여러 종류의 캐주얼 게임을 연속적으로 히트시켰다. 불모지 같았던 한국 게임계에서 〈리니지〉가 게임으로 돈을 벌 수 있다는 것을 보여줬다면 넥슨은 게임 인구 확대를 통하여 시장의 규모를 증가시켰다.

넥슨의 창업자인 김정주 회장의 앞에 나서지 않는 경영 방식은 삼성의 이건희 회장과 비슷한 면이 많다. 이건희는 직접 사무실에 출근하지 않고 전 세계를 돌아다니면서 세상의 흐

름을 통찰하며 전체 사업에 대한 비전을 세운다. 그리고 이러한 비전을 전략기획실에 전달하여 구체적인 기획안과 전략을 세우도록 한다. 그러면 각 계열사에서 이 전략에 따라서 실행을 한다. 이러한 트라이앵글 형태의 의사결정 구조를 삼성의 삼각편대 혹은 황금편대 경영이라고 한다. 넥슨 역시 최대 주주인 김정주가 사업에 대한 전체적인 밑그림을 그리면 넥슨 본사의 CEO를 중심으로 기획안을 짜내고 넥슨에 소속된 각 스튜디오가 게임을 제작한다. 〈비엔비〉의 엠플레이와 〈메이플스토리〉의 위젯 그리고 〈마비노기〉의 데브캣은 삼성의 계열사처럼 넥슨의 자회사들이다. 이러한 스튜디오들은 많은 독립성과 자율권이 보장되어 있는 선진적인 시스템이다. 사실 이렇게 앞선 스튜디오 제작 시스템을 체계적으로 구축한 것은 넥슨의 최대 장점이며 다른 회사들이 흉내도 내지 못하는 이상적이고 선진국형인 모델이기도 하다.

한편 김정주의 성공요인을 하나로 뽑자면 뛰어난 친화력에 있다고 할 수 있다. 사업의 전면에 나서지도 않고 언론 인터뷰에도 일절 응하지 않기 때문에 은둔의 경영자로까지 불리고 있지만 한국의 벤처업계 전체로 보면 김정주처럼 발이 넓은 사람이 없다. 한국의 대표 벤처기업인 엔씨소프트와도 한때 합병을 고려했을 정도인데, 그만큼 김택진과도 친밀한 관계이다. 네이버의 창업자이자 전략책임자인 이해진 또한 김정주와 서울대학교 동기 동창이고 카이스트에서 같은 기숙사 생활을 했을 정도로 절친하다. 이러한 인연 덕분에 김정주는 네이버의 주식을 대량 매입하여 최대 주주의 자리에 오르기도 했다. 이해진이 5%의 지분을 가지고 있는데 비해서 김정주는 7.13%나 가지고 있다. 이는 이해진이 우호 지분 확보 차원에서 김정주에게 주식 매입을 권유했기 때문이다. 김정주는 곰TV로 유명한 그래텍의 배인식 사장과도 각별한 사이로 서로 사무실을 놀러 다닌다. 배인식을 통해서 회사의 성장 가능성을 높이 사게 된 김정주는 그래텍의 주식도 매입하였다. 지분율로 따지면 7% 정도 되는데 이는 10%의 지분으로 최대 주주인 배인식 다음으로 많은 양이다. 한편 소프트맥스의 사정이 어려울 때는 〈테일즈 위버〉를 공동 개발하면서 10억 원을 일시에 지원해주기도 하였다. 이는 소프트맥스의 정영희 사장과의 오랜 친분 관계에서 비롯한 거래였다.

김정주의 탁월한 친화력과 함께 돋보이는 능력은 사람을 볼 줄 아는 안목이다. 김정주에게서 능력을 인정받은 인물들은 여지없이 성공 가도를 달린다. 현재 XL게임즈의 사장인 송재경에서부터 네오위주의 창업자이자 네오위즈 최대 주주인 나성균, 전 네오위즈 사장 박진환 역시 넥슨을 거쳐 간 인물이다. 인터넷 커뮤니티 사이트로 유명했던 프리챌의 손창욱 사장과 게임 내 광고를 판매하는 이지에이웍스의 마국성 사장도 넥슨에서 일을 했었다. 이렇듯 현재 많은 벤처기업에서 넥슨 출신의 인재들이 맹활약하자 넥슨은 인재 사관학교라 불리고 있을 정도이다. 이는 사람 보는 능력이 뛰어난 김정주가 발탁한 인물들이 공통적으로 뛰어난 자질과 능력을 갖춘 인재들이었기 때문이다. 그 결과 이들은 다른 회사에서 욕심을 내는 인재가 되고, 실제로 회사를 옮겨서도 기대에 부응하고 있다.

넥슨의 경우 엔씨소프트에 비해 글로벌 시장 개척이 부진했다는 평가가 있었다. 〈카트라이더〉가 중국에서 80만 명이 넘는 동시접속자 수를 기록하는 마당에 이게 무슨 소리냐고 하겠지만, 최근까지만 해도 미국이나 일본 같은 선진국에서는 존재감이 별로 없었던 것이 사실이다. 라이벌 기업인 엔씨소프트를 보면 〈길드워〉가 전 세계에서 600만 장이 넘게 판매되었고 〈리니지2〉는 일본의 오리콘 차트에서 1위를 기록하면서 세계적인 명성을 쌓은 데 비해 넥슨은 중국이나 대만처럼 게임 개발력에서 한국보다 한 수 아래인 나라에서만 인기를 끌었다. 넥슨이 진정 한국 유저에게 존경받는 기업이 되기 위해서는 엔씨소프트가 국외에서 이룩한 만큼의 업적을 재현해내야만 한다.

이러한 맥락에서 2006년 넥슨은 〈홈월드〉와 〈워해머〉로 세계적인 명성을 쌓은 알렉스 가든Alex Garden을 영입하였다. 그리고 한 명의 인재는 줄줄이 사탕처럼 많은 인재들을 데려온다는 말이 있듯, 알렉스 가든은 EA에서 12년간 근무하면서 〈FIFA〉나 〈트리플 플레이〉 시리즈 같은 유명 스포츠게임을 개발한 스티브 렉츠새프너Steve Rechtschaffner를 넥슨에 합류시키는 노력을 기울였다. 전 세계로 뻗어 나가기 위한 넥슨의 노력은 2010년 말 북미 지역에서 〈메이플 스토리〉가 동시접속자 13만 명을 돌파하는 등 최근 들어 그 결실을 맺고 있다.

07

〈리니지〉 탄생 비하인드 스토리

송재경은 〈리니지〉를 기획할 때 게임 속에서라도 불평등한 현실을 조금이나마 잊게 하기 위해서 세상에서 가장 평등한 세상을 만들려고 했다. 인간이 꿈꾸는 판타지를 게임 속에 구현하는 동시에 약간의 운의 요소를 추가했다. 초기의 〈리니지〉는 이상론적인 세계관으로 출발하였지만 평소 철학에 대한 조예가 있던 김택진은 좀 더 현실적인 인간의 삶을 게임 속에 표현하고자 하였다.

기술적으로 보면 엔씨소프트에서 〈리니지〉는 완전히 새롭게 탄생하였다. 당초 〈리니지〉는 PC 통신 기반으로 제작되었다. 하지만 김택진은 전 세계인들이 모두 즐길 수 있는 게임이 되기 위해서는 인터넷 기반으로 만들어야 한다고 생각했다. 결국 기존의 코드가 상당 부분 수정되어 〈리니지〉는 새롭게 탄생하게 된다. 클라이언트 개발에서는 한국 최고의 게임프로그래머였던 송재경이 다시 한 번 천재성을 발휘하면서 부드러운 애니메이션과 뛰어난 타격감을 자랑하는 게임으로 변모한다. 또한 네트워크 분야에서 한국 최고 수준이었던 김택진은 서버 관련 업무에 참가하여 온라인게임이라고는 믿기지 않을 정도로 쾌적하고 안정적인 게임 환경을 구축했다. 서버 구성 면에서 솔라리스 운영체제를 구축하고 데이터베이스 프로그램으로 회원들의 정보를 관리할 수 있었던 것도 김택진의 작품이었다.

1998년 〈리니지〉가 처음 등장하자 사람들의 반응은 한마디로 요약되었다. 한국 게임 같지 않다는 것이었다. 그동안 한국 게임들은 일본 게임의 영향을 받아서 대부분 3등신에 아기자기한 만화풍의 그래픽이었던 데 반해 〈리니지〉는 8등신에 사실적이고 실감 나는 그래픽이었다. 그래서 그래픽만 보면 한국 게임이라기보다는 미국 게임 같은 느낌이었다. 사실 처음 〈리니지〉가 등장했을 때만 해도 유독 외국인들이 많이 접속한 것을 볼 수 있었다. 그래서 더더욱 외국 게임 같다는 생각이 들었다. 한국 게임에 외국인이 접속할 수 있는 것은 전 세계인 누구나 접속할 수 있는 인터넷 기반이었기 때문이다. 이렇게 외국에서도 인터넷으로 접속할 수 있는 게임은 〈리니지〉가 최초였다. 또한 〈리니지〉를 플레이한 외국인들 역시 호평을 쏟아내었는데 인터넷에서 외국인들이 영어로 〈리니지〉 관련 글을 쓴다는 것 자체가 당시로서는 매우 색다른 경험이었다.

그런데 정작 김택진은 완성도 높은 게임을 개발하겠다는 목표만 세우고 여기에만 열중했지 수익 모델은 전혀 생각하지 못했다. 〈리니지〉 게임을 완성하고 나자 홍보 방법이나 수익을 거두는 방법이 막막했던 것이다. 당시 유일한 수익 모델은 하이텔이나 천리안 같은 PC 통신에 서비스해서 부가사용료를 받는 것이었는데 〈리니지〉는 애초부터 PC 통신에 서비스할 수 있는 게임이 아니었다. 또한 김택진은 PC 통신이 수익금의 30%를 가져가는 것은 횡포라고 생각하였고 그런 부당한 계약을 하고 싶지 않았다.

이때 김택진이 생각해낸 수익 모델이 PC방을 활용하는 것이었다. PC방에서 정액제 요금제로 〈리니지〉를 이용하도록 하는 것이었다. 지금 보면 너무나 당연한 수익 모델이었지만 〈리니지〉가 처음 서비스될 때만 해도 획기적인 방법이었다. 당시 PC방은 오직 스타크래프트를 위해서 존재했다. 스타크래프트는 한번 게임을 구입하면 평생 무료로 즐길 수 있었다. 그런데 〈리니지〉는 매달 돈을 지불해야 한다는 사실을 PC방 업주들은 이해하지를 못했다. 하지만 엔씨소프트에서는 적극적으로 PC방 업주들을 설득해나갔다. 스타크래프트는 한번 게임을 하면 아무런 기록도 남지 않지만 〈리니지〉는 모든 기록이 남고 성장과 육성이라는 측면에서 스타크래프트다 더 지속적으로 게임을 하는 요소가 있음을 강조하였다. PC방에서 오랜 시간 게임을 하는 사람들이 늘어나면 결국 PC

방에도 이익이 되기 때문에 〈리니지〉에도 이익이 된다.

엔씨소프트의 적극적인 홍보와 영업 덕분에 〈리니지〉를 서비스하는 PC방이 늘어났다. PC방을 총판과 가맹점의 형태로 공략하게 되자 동시접속자 수도 늘어나기 시작했다. 1998년 말에 유료 서비스를 시작하여 그 해에 1,000명의 동시접속자를 기록하였고 99년에는 1만 명, 2000년에는 국내 최초로 동시접속자 10만 명을 넘어서며 기하급수적으로 회원 수를 늘려갔다. 1997년 엔씨스프트의 매출은 5억 원에 불과했지만, 1999년 매출은 80억 원으로 급증하였고 2000년에는 570억 원에 이르게 된다. 이러한 〈리니지〉의 성공을 발판으로 엔씨소프트는 주식시장에 진출하여 한국 벤처기업 중 최고의 황제주로 부상한다. 이 덕분에 김택진 역시 순식간에 갑부에 등극하며 화제의 중심에 서게 된다. 엔씨소프트의 이러한 성장세는 계속 이어져 2010년에는 역대 최대 매출인 6497억 원을 달성하게 된다.

1998년 〈리니지〉 베타테스트에 처음 참여했을 때를 필자는 잊지 못한다. 당시 필자 역시 제이씨엔터테인먼트에서 〈워바이블〉이라는 온라인게임 개발에 참여하고 있었다. 당시에 온라인게임은 〈바람의 나라〉, 〈영웅문〉, 〈워바이블〉 정도가 다였고 수익성 측면에서는 다들 최악이었다. 그럴 때 바로 〈리니지〉가 등장한 것이다. 마을 하나에 몬스터는 슬라임 하나가 고작이었던 시절이었다. 하지만 〈리니지〉는 외국인들이 베타테스트에 참여할 정도로 대단한 인기였고, 실제로 기존에 나왔던 온라인게임과는 확연히 달랐다. 〈디아블로〉처럼 8등신 캐릭터에 화려한 액션을 자랑했는데 손끝에서 느껴지는 타격감에서 다른 게임이 가지지 못한 게임성을 확보한 것이었다. 물론 그때까지만 해도 처음 게임을 접한 사람 중에는 〈디아블로〉의 아류작이라면서 폄하하는 유저도 하였다. 한국도 이제 외국의 유명 게임과 비슷한 게임을 만들 수 있는 수준이 되었다면서 자랑스럽게 여기는 분위기가 있었다.

하지만 그것은 그야말로 베타테스트에 불과했던 것이다. 〈리니지〉의 처음은 〈디아블로〉였지만 시간이 지날수록 〈리니지〉 신화에는 가속이 붙었다. 〈디아블로〉와 〈리니지〉에는 근본적인 차이가 있다. 〈디아블로〉는 고작 네 명이 접속해서 플레이하는 네트워크 게임이다. 하지만 〈리니지〉는 수천 명이 동시에 즐기는 게임으로 기본적으로 게임 제작에 들어가는 기술의 수준이 다르다. 〈리니지〉에는 〈디아블로〉에서 요구되는 서버 안정성의 몇 배가 필요하다. 그리고 송재경은 그의 천재적인 프로그래밍 실력을 〈리니지〉의 서버 안정성 확보를 위해서 쏟아부었다. 당시 타 온라인게임은 랙lag이 심해서 많은 사람이 접속을 하면 속도가 느려졌다. 속도가 느려지면 이동도 불편하고 특히 전투할 때 재미가 반감된다. 〈리니지〉에서는 서버의 안정성 덕분에 많은 사람이 접속해도 속도가 느려지지 않고 게임을 즐길 수가 있었다. 송재경의 슈퍼

오늘의 엔씨소프트를 만들어낸 〈리니지〉

프로그래머적인 능력이 있었기에 우후죽순 격으로 등장하는 MMORPG^{Massive Multiplayer Online Role-Playing Game} 중에서도 절대적인 시장의 강자로 지금까지도 군림할 수 있었던 것이다.

특히 〈리니지〉가 자랑하는 공성전만 해도 간단한 것이 아니다. 〈리니지〉 시리즈 이외에 아직까지도 제대로 공성전을 구현한 다른 온라인 롤플레잉게임을 찾기 어려운 것이 엄연한 사실이다. 송재경의 뛰어난 프로그래밍 실력이 있었기에 가능한 것이었다. 비록 그래픽과 게임 시스템은 〈디아블로〉의 영향을 받았을지 몰라도 그것을 능가하는 서버/네트워크 기술로 게임의 새로운 영역을 구축한 것이 바로 〈리니지〉이다.

〈리니지〉가 온라인게임의 블루오션을 만들어내고 전체 게임 시장을 키웠다는 것에 대해서는 높이 평가해야 한다. 〈리니지〉 덕분에 다른 온라인게임도 덩달아 매출이 껑충 뛰는 광경을 필자가 직접 지켜봤기 때문이다. 〈리니지〉는 판타지를 배경으로 어두운 분위기에 금속성의 사실적인 그래픽이었다. PC방 사장들은 라이트 유저를 위한 다른 분위기의 게임들을 찾았고, 그 결과 초등학생과 같은 저연령층을 위해서 〈바람의 나라〉를 서비스하게 되었다. 그 밖에 무협 마니아를 노린 〈영웅문〉이나 우주 SF를 세계관으로 삼는 〈워바이블〉 등이 틈새시장을 파고들 수 있었다. 즉 전체 게임 시장의 파이가 커지게 된 것이다. 결국 〈리니지〉의 성공은 엔씨소프트의 직원들만 부자로 만든 것이 아니라 모든 게임 회사의 파이를 크게 만들어준 셈이다.

게임 회사에 다닌다고 하면 불쌍하게 쳐다보던 주위의 눈빛이 점차 호의적이고 부러워하는 눈빛으로 바뀌었던 것이 바로 〈리니지〉의 성공 신화 덕분이었다. 당시 게임 개발자였던 필자는 이를 몸소 경험했다. 〈리니지〉는 그 자체로 한국에서도 게임으로 큰 수익을 낼 수 있다는 것을 보여준 게임이다. 게임 회사도 기회의 땅이 될 수 있음을 한국의 젊은이들에게 알려줬고 유능한 개발자들이 게임 회사에서 문을 두드리게 만든 계기가 바로 〈리니지〉의 성공 덕분이라는 것은 아무도 부인할 수 없을 것이다.

김택진과 송재경이 존경을 받을 만한 진짜 이유는 따로 있다. 그들은 갑부의 반열에 올랐지만 아직까지도 게임 개발의 일선에 있다. 현재 한국 게임 개발 현장에서 가장 심각한 현상은 개발자들의 조기 은퇴가 너무 심하다는 것이다. 이미 게임이 유명해져서 먹고 살 만해졌다 싶으면 20대에도 개발 현장을 떠나 관리직으로 자리를 옮기는 일이 비일비재하다. 외국의 경우는 개발 현장이 그리워서 회사를 그만두고서라도 제작 현장으로 복귀하는 일이 많다. 그런데 한국은 개발자들이 가능한 빨리 무조건적으로 제작 일선에서 물러나려고 안달한다. 35살까지 관리직이 아니라 개발 현장에 있으면 실패한 인생이라고까지 말하는 사람들도 있다. 게임이 하나라도 성공하여 회사에서 인정을 받을 것 같으면 제작 현장에서 벗어나 관리직을 시켜달라고 생떼를 부리는 개발자도 있다.

개발 현장에서 벗어나려는 심정을 이해 못 하는 것은 아니다. 국내 개발자들은 주당 80시간은 기본이고 마감일이 임박하면 출퇴근 개념이 아예 없어지고 회사에서 생활하기 마련이다. 그에 비해서 관리직이 되면 여가시간도 즐길 수 있고 육체적으로 정말 편해진다. 게다가 월급 면에서도 관리직이 개발자보다 유리한 경우도 있다. 관리직 우대와 개발자에 대한 홀대 현상이 엄연히 한국 게임계에 존재하고 있는 것이다. 이렇게 되니 개발자들은 하루라도 빨리 관리직을 원할 수밖에 없다. 하지만 그들이 게임 개발을 하면서 쌓아놓았던 노하

우도 같이 사라지는 것이 문제다.

이렇게 성공한 게임 개발자들이 다들 30대 초반이면 개발 일선에서 물러나 관리직으로 옮긴다면, 안타깝지만 한국 게임계의 미래는 현재 상태로 정체될 수밖에 없다. 송재경이나 김택진처럼 불혹이라는 나이에도 불구하고 단순히 경영자로 물러나 있지 않고 개발 현장에 아직도 남아 있는 이들이 위안이 되는 것은 이런 까닭이다.

08

세계로 비상하기 위해
리처드 개리엇을 영입하다

한국에서 벤처 신화를 새롭게 쓰고 한국과 아시아에서 〈리니지〉가 큰 성공을 거두었지만 정작 김택진은 만족하지 않았다. 원래 그의 꿈은 국내가 아니라 세계였다. 현대전자에서 일하면서 김택진은 고 정주영 회장에게 여러 번 프레젠테이션을 할 기회가 있었다. 그럴 때마다 정주영 회장은 세계에서 통하는 상품을 만들어야 한다고 강조했다. 국내에서 확실하게 성공할 것 같은 제품이라도 내수용에 불과하다면 만들지 말라고 하며, 국외에서 인정받을 수 있는 그런 경쟁력 높은 제품에는 당장은 손해를 보더라도 투자를 해주었다. 그런 정주영 회장의 모습을 보면서 김택진은 자신도 현대나 삼성이 이루어낸 업적을 소프트웨어 산업으로 재현해보려고 노력했다. 그가 게임을 시작한 것도 다른 소프트웨어 분야로는 세계 1등을 하기 어렵지만 게임이라면 충분히 가능한 분야라고 생각했기 때문이었다.

2000년 코스닥에 등록을 하며 회사 자금에 여유가 생기게 되자 김택진은 미국에서 〈리니지〉를 서비스할 수 있도록 당시 부사장이었던 송재경을 미국에 보내어 현지법인을 설립하도록 한다. 2001년 북미에서 〈리니지〉가 정식 서비스를 시작했지만 결과는 참패였다. 미국은 워낙 다양한 인종이 모여 있고 땅덩어리가 넓기 때문에 전 세계에서 몰려든 수많은 상품들이 쏟아지고 대부분의 상품들이 명함도 내밀지 못하고 사라져간다.

가장 큰 문제는 인재를 구하지 못한 것이었다. 그래서 김택진은 엔씨소프트의 개발력과 인지도를 동시에 끌어올릴 수 있는 방안을 모색하였다. 그리고 그가 선택한 것은 컴퓨터 롤플레잉게임의 대부 리처드 개리엇Richard Garriott을 영입하는 것이었다.

사실 〈타뷸라 라사〉가 나오기 전까지만 해도 리처드 개리엇의 영입은 성공적으로 보였다. 하지만 2007년 11월 〈타뷸라 라사〉가 북미에서 발매된 이후의 반응은 싸늘했다. 개발 기간만 5년 이상 걸린 대작 게임인 데다가 여러 게임 언론에서 주목을 받았기 때문에 실망이 더 컸는지도 모른다. 결국 2009년 2월 엔씨소프트는 15개월 만에 〈타뷸라 라사〉를 중지했고, 리처드 개리엇은 법정 공방까지 벌이며 엔씨소프트를 떠나게 된다.

과연 리처드 개리엇과 엔씨소프트 사이에 무슨 일이 있었고, 이 둘의 합작에는 어떤 의미가 있는 것일까? 이를 살펴보기 위해 논란의 주인공이자 천재 개발자로 명성이 자자한 리처드 개리엇이라는 인물에 대해 조금 알아보겠다.

리처드 개리엇은 과학자이자 NASA 우주비행사였던 아버지 오언 개리엇Owen Garriot의 아들로 영국 캠브리지에서 태어난다. 그의 아버지는 그가 태어난 후 두 달 만에 미국 스탠퍼드 대학교의 교수로 임명되는데 이때 리처드 개리엇은 미국 텍사스 오스틴으로 이사를 오게 된다. 그의 집안은 학구적인 집안의 전형과도 같았는데, 아버지는 대학교수이고 어머니는 예술학 석사를 받았다. 큰형은 나중에 의사가 되고 다른 형도 석사학위를 받게 된다. 그의 여동생 또한 석사학위를 받았다. 미국의 명문대로 일컬어지는 텍사스 대학교를 나온 그가 어린 시절 공부 때문에 기가 죽을 정도였다고 하니 정말 대단한 집안인 것은 분명해 보인다.

그는 휴스턴에 있는 클리어크릭 고등학교 시절을 잊지 못한다. 고등학교 시절의 여러 경험들이 현재의 세계적인 게임 크리에이터가 되는 데 결정적인 역할을 했기 때문이다. 우선 그에게 평생을 따라다니는 닉네임인 '로드 브리티시Lord British' 라는 칭호를 얻었다. 그는 부모님의 영향으로 영국식 억양을 사용하였는데 학교 선배들이 그의 말하는 모습에 별명을 붙여주었던 것이다. 평소부터 자신은 영국의 귀족 출신이라고 생각했던 그는 로드 브리티시라는 별명에 자부심을 느끼면서 마음에 쏙 들어했다.

형수로부터 받은 대작 판타지 소설 『반지의 제왕』도 그에게는 잊을 수 없는 경험이었다. 그는 반지의 제왕을 읽으면서 자신이 완전히 딴 세상으로 간 듯한 착각에 빠졌다고 고백할 정도로 책에 매료된다. 그는 이후 각종 판타지 소설을 독파하였다. 이에 만족하지 않고 직접 판타지 소설을 쓰기 시작했다. 이때의 자작 소설들이 그가 나중에 위대한 게임 스토리텔러가 되는 데 큰 자양분이 된다.

그렇게 고등학교 시절의 리처드 개리엇은 완벽한 판타지 마니아가 되었다. 판타지와 관련된 모든 것을 수집하고 여러 가지 활동을 하였다. 판타지를 소재로 한 보드게임, 정확히는 TRPG^{Table Role-Playing Game}인 〈던전 앤 드래곤〉에 빠져든 것은 당연한 수순이었다. 1974년에 등장한 〈던전 앤 드래곤〉은 게임의 마스터(던전 마스터)가 어떤 목표가 되는 이야기를 만든 후에 규칙에 따라서 게임을 진행하고 참여자들은 각자 역할을 맡아 주어진 상황을 잘 헤쳐나가면서 적들을 물리쳐야 하는 보드게임이었다. 특히 『반지의 제왕』의 세계관을 그대로 게임으로 구현하여 많은 사람들을 열광의 도가니 속으로 몰고 갔다. 당시 〈던전 앤 드래곤〉에 빠져든 청소년들이 학업에 소홀해지는 바람에 하나의 사회문제로 여겨질 정도였다. 이 때문에 학부모 단체에서는 비교육적인 게임이라면서 판매금지 운동을 펼치기까지 하였다.

매일 친구들과 모여서 〈던전 앤 드래곤〉을 즐기던 그는 컴퓨터를 처음 본 순간 왠지 모르는 흥분을 느끼게 된다. 그는 컴퓨터를 통해서 자신이 무엇인가를 이룩하게 될 것이라는 것을 직감했던 것이다. 과학자인 아버지의 영향으로 그는 이미 유치원 때부터 과학과 수학에 대한 관심이 남달랐다. 실제로 두 과목의 성적은 항상 A였고 선생님이 없는 가운데 학습 토론을 하면 리처드 개리엇이 앞장서서 주도하였다. 그는 특히 시간이 날 때마다 과학적인 지식을 이용하여 뭔가를 만들어내는 과학 프로젝트를 진행하고 있었다. 주로 과학현상을 설명하는 실습자료였다.

그러던 차에 컴퓨터의 등장은 그에게 과학적 호기심을 다시 한 번 발동시킨다. 그리고 그의 천재성을 발휘하는 계기가 된다. 어느 날 그의 고등학교에서는 정부의 지원으로 컴퓨터를 얻게 되었다. 문제는 정작 아무도 그 컴퓨터를 사용하는 법을 몰랐다는 점이다. 물론 학교에는 컴퓨터 관련 교육과정도 없었다. 리처드 개리엇은 교장에게 컴퓨터 프로그래밍 과목을 만들어달라고 간청하였다. 그러나 교장은 교육을 시켜줄 선생도 없고 참고할 만한 교과서도 없다면서 그의 제안을 거절하였다. 하지만 리처드 개리엇이 희망하는 학생들을 모아서 자체적으로 공부하면서 수업을 진행하겠다고 포부를 밝히자 결국 교장은 그의 의지를 믿고서 그의 소원대로 컴퓨터 프로그래밍을 교과목으로 인정하기로 결정한다. 이렇게 컴퓨터 프로그래밍 반을 만든 그는 친구들을 규합해서 컴퓨터 게임 프로젝트를 진행한다.

그는 자신이 그토록 좋아하는 〈던전 앤 드래곤〉을 컴퓨터 게임으로 구현하고자 하였다. 사실 그가 컴퓨터를 보자마자 게임을 만들겠다고 생각한 것은 그 자체로도 엄청난 발상이었다. 당시만 해도 게임이라는 것은 사람들이 알지 못하는 다른 세상의 얘기였을 뿐이다. 게다가 〈퐁〉처럼 간단한 테니스 게임이나 존재했던 세상에 롤플레잉게임을 컴퓨터로 구현하려고 했으니 이 얼마나 놀라운 일인가.

리처드 개리엇이 컴퓨터를 처음 접했던 그 시기만 해도 컴퓨터 프로그래밍을 가르치던 학교도 학원도 없었던 시절이었다. 결국 그는 독학으로 컴퓨터 게임을 개발하려고 마음먹었다. 게다가 당시만 해도 컴퓨터에 프로그래밍을 한다는 것은 지금처럼 키보드로 코딩하는 것과는 전혀 다른 일이었다. 그때는 테이프 형태의 용지에다 점을 찍어서 코딩을 하던 시대이다. 프로그래밍언어의 형식으로 코드를 구상하는 것도 중요하지만, 그것을 용지에 점을 찍어 옮기는 일 자체가 엄청난 인내력을 요구하는 노동이었다. 하지만 그는 아무도 컴퓨터 프로그래밍을 가르쳐주는 사람이 없는 상황에서 오직 학교 친구들과 함께 자체적인 프로젝트로 컴퓨터를 연구해서 게임을 개발했다. 그는 이때 〈던전 앤 드래곤〉을 게임으로 만든다는 의미에서 게임의 이름에 'D&D'라는 프로젝트 명을 사용하였다. 그가 고등학교 내내 만든 게임은 무려 28개인데 이들 게임의 명칭은 모두 'D&D1'에서 'D&D28'과 같은 형식으로 붙여졌다.

리처드 개리엇이 이렇게 결과물을 내놓자 학교 교사들은 그에게 과학 점수 A를 주며 그의 공로를 인정할 수 밖에 없었다. 그의 호기심과 과학적 탐구심 그리고 시대를 앞서가는 아이디어와 인내심이 만들어낸 성공이었다. 그리고 학창시절 때의 이런 소중한 경험이 오늘날의 리처드 개리엇을 만들어낸 것이었다.

미국의 이공계 학과에서 명문대로 손꼽히는 텍사스 대학교에 합격한 리처드 개리엇은 대학에 입학하기 전 여름방학을 맞이하여 컴퓨터랜드ComputerLand에서 아르바이트를 하게 된다. 컴퓨터랜드는 애플 컴퓨터와 소프트웨어 그리고 각종 소모품을 파는 컴퓨터 상점이었다. 그는 매장에 있는 애플 컴퓨터를 이용해서 게임을 개발할 결심을 한다. 그는 자신의 28번째 게임을 개정한 버전 즉 'D&D28b'를 완성한 다음 이름을 새로 붙인다. 그것이 바로 컴퓨터 기반 롤플레잉게임의 원형으로 인정받는 〈아카라베스Akalabeth〉의 탄생이었다. 이때까지만 해도 리처드 개리엇은 자신이 얼마나 대단한 일을 해냈는지를 전혀 알지 못했다.

리처드 개리엇은 단지 자신이 컴퓨터 매장에서 아르바이트를 하고 있으니 자신의 게임을 상점에서 팔 수 있을 것이라

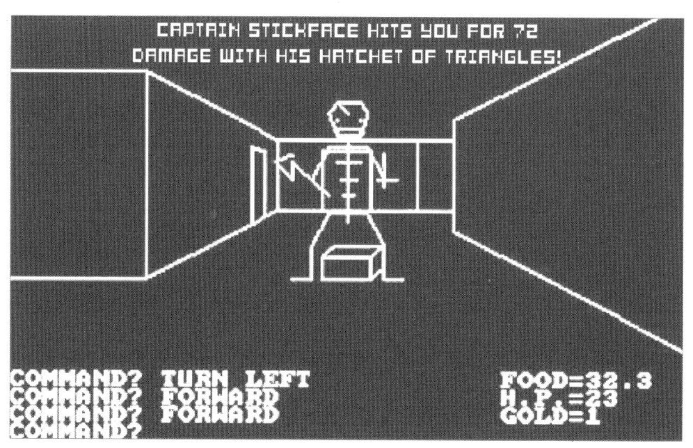

세계 최초의 그래픽 롤플레잉게임으로 인정받는 〈아카라베스〉

는 단순한 생각을 떠올렸을 뿐이다. 게임을 완성한 그는 200 달러를 들여서 직접 지퍼백으로 포장을 하고 게임의 매뉴얼을 쓰고 사진까지 찍어 설명을 덧붙였다. 게임 개발에서부터 포장 그리고 상품 판매까지 혼자서 모든 것을 처리하는 원맨 제작 시스템을 보여준 것이다. 지금으로서는 상상하기 어려운 이야기지만 당시 1979년만 해도 게임은 만들어서 판다는 개념이 아니라 마니아들이 게임을 만들어 서로 복사하거나 교환한다는 인식이 강했던 때이다. 게임이라는 개념 자체가 생소했고 게임을 만들어서 판다는 것은 더더욱 상상하기 어려웠을 때 리처드 개리엇은 그 모든 것을 혼자 힘으로 헤쳐 나간 것이다. 고작 고등학교 3학년인 열아홉 살의 나이에 말이다.

리처드 개리엇은 일주일 동안 〈아카라베스〉를 총 15개 판매하게 된다. 이때 그의 게임의 가능성을 알아본 컴퓨터랜드의 점장이 리처드 개리엇 몰래 소프트웨어 유통업체인 캘리포니아 퍼시픽 관계자에게 게임을 소포로 보낸다. 게임을 받아서 본 캘리포니아 퍼시픽 관계자들은 그 게임의 가치를 알았고 바로 리처드 개리엇에게 전화를 걸어서 일체의 여행 경비를 지불할 테니 본사인 캘리포니아로 와서 계약을 해줄 수 있느냐고 물었다.

처음에 그는 그 전화가 의심스러웠다. 거액의 돈을 주고서 자기의 게임을 계약하자고 하니 믿기지 않았던 것이다. 하지만 그들은 직접 공항에 마중 나와서 리처드 개리엇을 접대했을 뿐만 아니라, 고급 차를 렌트해주었으며 고급 호텔로 그를 안내했다. 최고급 예우를 받은 그는 바로 계약서에 사인을 했다.

캘리포니아 퍼시픽 관계자가 예상한 대로 〈아카라베스〉는 큰 수익을 거두었다. 그는 게임 카피 하나당 5달러를 받기로 하였는데 게임이 3만 개 판매됨에 따라서 15만 달러의 수익을 얻을 수 있었다. 이 돈은 리처드 개리엇이 대학 4년 동안 학비를 걱정할 필요가 없는 어마어마한 금액이었다.

텍사스 대학교에 입학한 그는 대학생활을 열심히 하는 동시에 두 개의 서클에 가입한다. 하나는 펜싱 동아리였고 다른 하나는 창조적 시대착오주의 모임Society for Creative Anachronism이라는 동아리였다. 창조적 시대착오주의 모임은 각종 보드게임과 판타지 소설에 관해서 토론하고 연구하면서 여러 가지 창조적인 예술 활동을 하는 곳이었다. 중세 복장으로 코스튬 플레이를 하면서 이벤트를 여는 등 꽤 유명한 학교 클럽이었다. 그는 이곳에서 켄 아널드나Ken Arnold나 데이비드 웨스턴David Watson처럼 차후에 〈울티마〉 프로젝트에 참여하게 될 친구들을 만나게 된다.

차츰 대학생활에 익숙해지자 그는 다시 게임 프로젝트에 관심을 가지게 된다. 틈틈이 대학생활을 하면서 그는 1981년 〈울티마1〉, 다음 해 〈울티마2〉를 연속적으로 발매한다. 역시 시장에서의 반응은 좋았다. 하지만 그는 이때까지만 해도 게임 개발을 직업이라고 생각하지 않았다. 단지 취미의 일환이었다. 하지만 두 가지 사건을 겪으면서 리처드 개리엇은 본격적으로 게임 사업을 결심하게 된다.

첫째는 컴퓨터 프로그래밍 과목에서 F 학점을 맞게 되는 사건이다. 세계 최초로 컴퓨터 롤플레잉게임을 개발한 그가 F학점을 맞게 되자 그는 도저히 그 사실을 받아 들일 수 없었다. 집에서는 아주 잘 실행되었던 프로그램이 정작 학교에서는 실행이 되지 않았던 것이다. 프로그래밍에 자신이 있었던 그에게는 아주 기분 나쁜 일이었고 그는 더 이상 학교를 다니고 싶지 않다는 생각까지 가지게 되었다.

그러던 차에 〈울티마2〉의 유통을 맡았던 시에라 온라인과의 불화는 리처드 개리엇이 학교를 중퇴하는 데 결정적인 도

화선이 되었다. 시에라 온라인이 게임 판매 이익금을 제대로 주지 않고 있다고 생각한 그는 자기 회사를 직접 차릴 결심을 한 것이다. 결국 그는 가족에게 대학을 그만둘 것이라고 폭탄 선언을 한다.

가족들이 모두 반대할 것이라는 생각과는 다르게 의외로 그의 가족들은 모두 일제히 호응을 보내준다. 그런 반응에 리처드 개리엇은 조금 놀랐다. 하지만 가족들은 그가 일시적으로 한번 호기심으로 사업을 해보는 것이라 생각을 했다. 젊은 시절에 사업 경험을 가진다는 차원에서 그의 회사 창업을 반겼을 뿐이었다. 그리고 조만간 대학으로 돌아가서 진짜 직업을 가지리라고 봤던 것이다. 게다가 리처드 개리엇이 게임을 팔아서 부수입을 짭짤하게 거두는 것을 직접 지켜본 가족들은 그가 큰 손해를 입지는 않을 것이라고 확신했다.

09

오리진 시스템즈의 영광과 좌절

리처드 개리엇은 마침 MIT에서 경영학 석사를 공부하고 있던 형 로버트 개리엇Robert Garriott의 도움을 받아서 1983년 오리진 시스템즈를 창업한다. 이 때문에 개발은 리처드 개리엇이 머무는 텍사스 휴스턴에서 진행하고 재정과 홍보 같은 회사의 기타 업무는 메사추세츠에서 로버트 개리엇이 처리했다. 로버트 개리엇은 나중에 석사학위를 받고 리처드 개리엇과 함께 텍사스 오스틴에 합류한다.

1983년 오리진 시스템즈에서 발매된 〈울티마3〉에는 더욱 강력해진 그래픽에 파티(그룹) 시스템이 첨가되었다. 〈울티마3〉는 역시 롤플레잉게임의 개척자가 만든 게임이라는 평가를 받으며 시장에서 큰 성공을 거둔다.

리처드 개리엇은 1985년 시리즈 역사상 최고로 평가받는 대망의 〈울티마4〉를 통해 세계 게임의 역사를 다시 새로 쓴다. 사실 기존의 울티마는 그냥 이름만 같았던 게임이었고 게임 간의 연관성이 적었다. 세계관도 어설펐고 스토리도 단순한 권선징악적 내용이었다. 그는 지금까지 자신이 게임을 개발하면서 얻은 모든 경험과 지식을 쏟아부어 시리즈 전체 역사상 최고의 역작을 만들어낸 것이었다. 이 게임을 만들고 나서 〈울티마〉 시리즈를 만드는 것에 흥미를 잃었다고 할 정도로 정말 모든 것을 쏟아붓고 구현한 게임이었다.

〈울티마4〉의 특징은 철학과 윤리로 대표된다. 이른바 명성 시스템을 도입해서 플레이어가 얼마나 도덕적인 방식으로 적을 무찌르는지가 게임에서 중요하게 다뤄졌던 것이다. 이는 게임계에 엄청난 반향을 일으켰으며, 게임 세계관의 깊이가 깊고 철학적인 이슈까지 담고 있다면서 엄청난 극찬을 불러모았다.

이렇게 〈울티마〉의 전성기는 1988년 〈울티마5〉와 1990년 〈울티마6〉까지 계속되었다. 매해 가장 최고의 게임으로 등극하며 어느덧 〈울티마〉 시리즈는 롤플레잉게임 중에서 황제의 자리에 등극한다.

이렇게 승승장구하던 오리진 시스템즈가 균열을 보이기 시작한 것은 〈울티마7〉부터였다. 〈울티마7〉은 사상 최대의 제작비가 들어가는 거대 프로젝트였다. 하지만 버그가 많아 화면이 멈추거나 게임 진행이 되지 않는 등 문제 때문에 계속해서 발매가 연기되었다. 이 때문에 회사의 자금 사정은 급속도로 나빠졌다.

오리진 시스템즈는 오직 〈울티마7〉이 성공하기만을 기원하면서 회사의 모든 자금을 쏟아부어 1992년 겨우 출시를 한다. 하지만 게임을 실제 구입해서 플레이한 유저들은 수많은 버그와 오류 속에서 치를 떨어야 했다. 제대로 버그 테스트를 거치지 않고 성급하게 게임을 내놓은 결과였다. 이는 회사에 치명타를 가했다. 소비자들의 항의는 계속되었고 게임의 판매는 저조했다. 결국 오리진 시스템즈는 더 이상 회사를 운영하기 어려운 상황에 이르고 만다.

이때 세계 최대 규모의 게임 유통업체인 EA가 오리진 시스템즈에 인수를 제의한다. 정확한 액수는 밝혀지지 않았으나 리처드 개리엇은 주식을 넘기는 대가로 수백만 달러의 금액을 받는다. EA의 인수로 오리진 시스템즈는 다시 자금에 여유가 생겼다. 오리진 시스템즈는 〈울티마8〉의 개발을 본격적으로 시작했다. 하지만 1994년도에 발매된 〈울티마8〉은 유감스럽게도 롤플레잉게임이 아니라 액션게임에 불과했다. 머리를 굴리고 스토리를 음미하던 게임이 아니라 〈슈퍼 마리오〉처럼 이리 뛰고 저리 뛰면서 장애물을 피하는 게임이 되어버린 것이었다. 그동안 〈울티마〉 시리즈가 쌓아놓은 명성을 〈울티마8〉이 일거에 무너뜨릴 수 있다는 위기감이 회사에 팽배해졌다.

이때 마침 회사에서는 〈울티마 온라인〉을 진행 중이었다. 단, 정식 작업은 아니었고 어디까지나 실험적인 차원에서 운

MMORPG의 한 획을 그은 〈울티마 온라인〉

영하던 프로젝트였다. 세계 최초의 혁신적인 게임을 지향하는 오리진 시스템즈는 언젠가는 온라인게임이 주류가 될 것이라는 예상으로 테스트 성격의 팀을 가동 중이었던 것이다. 처음 개발팀은 원대한 포부를 가지고 당대 최고의 FPS 게임인 〈둠〉과 같은 3D 게임으로 〈울티마 온라인〉을 제작 중이었다. 하지만 번번히 기술적인 실패를 하면서 좌절 중이었다. 그래서 욕심을 조금 줄이고 과거 〈울티마6〉의 엔진을 기초로 해서 다시 개발한 결과 게임의 재미도 살리고 다양한 시도도 할 수 있었다.

게임 기술이 확보되자 회사에서는 〈울티마 온라인〉의 시장성을 예측하고 게임 프로젝트를 본격 진행하기로 하였다.

이때 리처드 개리엇도 〈울티마 온라인〉 팀에 합류해서 게임 개발에 착수하였다. 그리고 1997년 〈울티마 온라인〉의 유료화 서비스를 실시하고 엄청난 성공을 거두게 된다. 하지만 이러한 성공으로 리처드 개리엇과 EA 사이에는 앙금이 쌓이게 된다.

사실 〈울티마 온라인〉을 개발할 때만 해도 EA 측에서는 기존에 성공 모델이 없다면서 반대를 하였다. 리처드 개리엇이 〈울티마 온라인〉 팀에 합류하려 하자 돈도 안 되는 온라인 팀에 끼지 말고 〈울티마〉 다음 시리즈나 만들라고 하였다.

그랬던 이들이 〈울티마 온라인〉이 성공하자 태도가 싹 달라졌다. 리처드 개리엇과는 아무런 합의도 하지 않고서 EA 독단으로 〈울티마 온라인 3D〉에서부터 〈울티마 온라인 2〉, 〈해리포터 온라인〉, 〈윙커맨더 온라인〉 제작 계획을 전 세계에 발표한 것이다. 온라인게임이 성공하겠느냐며 비아냥거렸던 이들이 이제 오리진 시스템즈가 세계 최고의 온라인게임 회사라면서 제작 계획을 마음대로 짰던 것이다.

이런 문제로 EA와 그의 사이는 급속도로 나빠졌다. 마침 1999년 발매된 〈울티마9〉은 유감스럽게도 시장에서 저조한 판매 기록을 남겼다. EA는 이때다 싶었던지 희생양으로 리처드 개리엇을 지목하고 사퇴 압력을 넣는다. 결국 2000년 그는 그의 분신과도 같은 오리진 시스템즈를 떠나고 만다. 사실상 쫓겨난 것과 다름없었다.

그 직후 리처드 개리엇은 형 로버트 개리엇, 그리고 〈울티
마 온라인〉의 프로듀서인 스타르 롱Starr Long과 함께 데스티네
이션 게임즈를 조직한다. 그리고 1년 이상 동종 업계에서 근
무할 수 없다는 EA와의 계약조건 때문에 그는 잠정적인 휴
식을 선언하고 세계의 오지를 탐험하게 된다.

10

리처드 개리엇과의 합작이 남긴 교훈

오리진 시스템즈를 떠난 리처드 개리엇은 당시 엔씨소프트 미국 지사장이었던 송재경을 만나게 된다. 송재경은 〈울티마〉 시리즈를 접하고 게임 제작자가 될 것을 결심했을 정도로 리처드 개리엇의 추종자였다. 그는 리처드 개리엇의 진가를 잘 알고 있었으므로 400억 원이나 되는 거액을 들여서 리처드 개리엇을 스카우트하고자 했다.

리처드 개리엇이 EA를 퇴사한 것은 사측이 온라인게임에 대해 부정적이었기 때문이다. 리처드 개리엇은 〈울티마 온라인〉으로 MMORPG도 상업성이 충분하다는 사실을 증명했다고 생각했는데 EA는 이에 만족하지 않았다. 리처드 개리엇은 온라인게임에 전념하고 싶었는데 EA는 여전히 싱글게임을 만들도록 압력을 넣었고 결국 불화가 싹트게 되면서 사직으로까지 이어진 것이었다. 그런데 한국에서는 온라인게임이 승승장구한다는 소식을 듣고 관심을 가지고 있던 차였다.

이때 마침 회원 1200만 명과 동시접속자 10만 명을 자랑하던 〈리니지〉의 엔씨소프트에서 접촉해오자 리처드 개리엇과 김택진은 서로 호의적인 상태에서 대화를 나눌 수 있었다. 온라인이야말로 게임의 미래라고 생각했던 리처드 개리엇과 김택진의 비전이 완벽하게 일치하자 둘은 한 배를 타기로 결정했다.

2001년 리처드 개리엇과 그의 형 로버트 개리엇 두 형제를 영입하는 데 430억 원의 거액이 들어갔다. 당시만 해도 한국에서 번 돈으로 외국인 개발자들에게 돈다발을 안겨줬다면서 비난의 목소리가 일기도 하였다. 하지만 김택진으로서는 미국 시장 진출을 위한 어쩔 수 없는 선택이었다. 미국에서 직접 사업을 하면서 한국 기업의 한계를 뼈저리게 느꼈던 것이다. 아무리 돈을 들고 가도 한국 기업이라고 무시를 하는 상황에서, 김택진에게는 엔씨소프트를 보증해줄 인물이 필요했다.

원래 미국은 워낙 다양한 사람들이 몰려들기 때문에 일을 할 때만큼은 신인보다는 확실한 실적이나 경력이 있는 베테랑을 선호하는 경향이 강하다. 회사에 대해서도 마찬가지라서 많은 상품들이 쏟아지는 곳이니만큼 브랜드를 중요하게 여긴다. 이러한 브랜드는 품질에 대한 신뢰와 신용에 관한 문제인 만큼 단시간에 만들어질 수 있는 것이 아니다. 만약

신개념 SF MMO 액션을 표방했던 〈타불라 라사〉

에 엔씨소프트라는 브랜드를 미국에 알리기 위해서 광고나 홍보를 한다면 그 비용도 수백억 원이 들 것이다. 하지만 리처드 개리엇을 영입하면 그 기사가 전 세계 언론에 대서특필되고 이를 광고비라고 생각해도 본전은 뽑을 수 있다. 삼성이 유니폼에 로고를 다는 조건으로 1년에 첼시에 후원하는 금액이 230억 원이다. 리처드 개리엇과 그가 설립한 데스티네이션 게임즈를 함께 엔씨소프트로 인수할 수 있다는 점을 고려하면 충분히 해볼 만한 도박이었다.

엔씨소프트가 리처드 개리엇을 영입하는 중요한 이유 중 하나였던 SF MMO 액션게임 〈타불라 라사〉는 개발 기간만 6년이 걸렸고 제작비는 1천억 원이 들어간 대작이었다. 리차드 개리엇이라는 전설적인 개발자가 온라인게임의 거장 엔씨소프트와 함께 개발했다는 사실 하나만으로도 많은 관심과 기대를 모았다. 또한 기존의 장르를 벗어나 SF MMO라는 신개념의 장르를 선보인다는 점도 이슈였고, 국내외 여러 게임 잡지에서 출시 전까지 큰 주목을 받았다.

하지만 이처럼 큰 기대 속에 2007년 11월 북미에서 발매된 〈타뷸라 라사〉에 대한 반응은 냉담했다. 게이머들은 물론이고 평론가들마저 〈타뷸라 라사〉의 버그와 오류에 크게 실망했다. 기대가 큰 만큼 실망도 더 컸던지, 이는 출시 한 달 동안 50억 원의 매출이라는 저조한 실적으로 이어졌다. 〈타뷸라 라사〉의 낮은 판매량은 엔씨소프트의 주가에도 큰 악영향을 미칠 정도였다.

이 와중에 리처드 개리엇은 2008년 10월 사비로 275억 원이라는 거금을 들여 민간 우주여행을 다녀와 빈축을 산다. 결국 2009년 2월 엔씨소프트는 분기당 18억 원의 매출밖에 올리지 못하는 〈타뷸라 라사〉를 15개월 만에 서비스 중지하게된다. 리처드 개리엇 본인도 스톡 옵션과 관련해 법정 공방을 벌이며 엔씨소프트를 떠났다.

그렇다고 리처드 개리엇과의 합작이 완전히 실패였던 것은 아니다. 미국 시장 개척에 나설 당시만 해도 이름조차 생소하던 엔씨소프트였지만, 리처드 개리엇이 엔씨소프트에 영입된다고 하자 여러 게임 잡지가 이 사실을 대서특필했고 무명의 엔씨소프트를 화제의 중심에 올렸다. 쇼맵십이 강한 리처드 개리엇은 기자들이 선호하는 사람이었기 때문에 기사량도 많았다. 남극에 가서는 〈리니지〉 깃발을 꽂는 깜짝쇼를 벌이기까지 하였다. 이러한 리처드 개리엇의 노력 덕분에 가정용 게임에는 닌텐도가 있다면 온라인게임은 엔씨소프트가 있어서 시장을 개척하는 선두주자라는 이미지를 심어주었다.

또한 리처드 개리엇은 인터뷰 틈틈이 한국의 환상적인 인터넷 환경을 극찬하였는데 덕분에 대한민국이라는 나라의 이미지까지 덩달아 올라갔다. 리처드 개리엇은 깨끗한 거리와 평화로운 도시 그리고 잘 정비된 인터넷 환경과 첨단의 IT 기술 등을 자랑하며 한국을 널리 알렸다.

사실 리처드 개리엇 입장에서도 당시 미국에서는 생소한 나라인 한국 그것도 무명의 회사인 엔씨소프트와 일을 하게 된 데 대한 뭔가 그럴듯한 이유가 필요했을 것이다. 그리고 온라인게임이 폭발적인 인기를 끌고 있던 한국의 모습은 분명 리처드 개리엇이 머릿속에서만 생각하고 있던 온라인게임의 미래였고 그런 한국의 게임 회사가 리처드 개리엇을 절실히 원하고 있었으니 그의 말대로 천생연분의 관계였던 것이다.

리처드 개리엇 영입의 가장 긍정적 효과는 인재들의 영입이었다. 원래 인재의 특성 중 하나로 줄줄이 사탕처럼 한 명

의 인재가 다수의 인재를 불러오는 효과가 있다. 게임 개발
자들에게 가장 존경받는 크리에이터인 리처드 개리엇이었던
만큼 그를 따라서 많은 직원들이 엔씨소프트의 북미법인에
입사를 하였다. 특히 북미법인이 있는 텍사스 오스틴은 우리
에게 잘 알려져 있지 않지만 미국의 실리콘 밸리와 양대산맥
을 이루는 IT의 도시로 유명하다. 세계적인 컴퓨터 회사인
델 컴퓨터에 부품을 공급하려는 수많은 부품회사들이 있으
며 반도체의 명가 텍사스 인스트루먼트와 삼성의 R&D사업
부, 모토로라도 입주해 있다. 플레이스테이션3의 연구개발도
대부분 텍사스에서 이루어지고 있다. 이런 이유로 텍사스 오
스틴을 실리콘 힐이라고 부르기도 한다.

실리콘 밸리에 주요 인재를 공급하는 대학이 스탠퍼드 대
학교라면 실리콘 힐은 텍사스 대학교이다. 외국의 경우 학력
을 따지지 않을 것 같지만 오히려 책임자가 바뀌면 그 팀은
모두 같은 대학 출신이 채워지는 걸 더욱 당연하게 여길 정도
이다. 대학의 사교 모임이 매우 중요한 역할을 할 뿐만 아니
라 각 대학에서 가장 들어가기 어려운 동아리가 사교 동아리
일 정도로 인맥 쌓기를 중요하게 여긴다. 텍사스 오스틴 근처
의 게임 회사들은 텍사스 대학교 출신이 대부분을 이루고 있
으며 그중에 가장 정점을 이루는 사람이 바로 리처드 개리엇
이었다. 텍사스 대학교는 단순히 게임 회사만 아니라 델 컴퓨
터의 CEO 마이클 델Michael Dell이 다녔을 정도로 텍사스 지역의

경제와 언론분야에서 큰 인맥을 차지하고 있다.

즉 리처드 개리엇을 얻는다는 건 텍사스 지역의 좋은 인맥을 구축할 수 있으며 더 많은 고급 정보들을 획득할 수 있고 사업에서도 여러 가지 혜택을 볼 수 있다는 것을 뜻했다. 이러한 배경 덕분에 텍사스에서 특히 사랑받고 있는 리처드 개리엇의 일거수일투족은 텍사스 지역신문에서 대서특필되면서 엔씨소프트의 지명도 역시 함께 올랐다. 그래서 한국 사람이 텍사스 오스틴 공항에 내리면 공항 관계자가 엔씨소프트 직원이냐고 먼저 물어볼 정도로 텍사스에서는 한국 사람하면 리처드 개리엇이 있는 엔씨소프트를 떠올렸다고 한다. 엔씨소프트의 티셔츠라도 입고 길거리를 돌아다니면 엄지손가락을 추켜세우며 게임이 재미있다고 칭찬을 할 정도였다고 한다.

리처드 개리엇의 또 다른 효과는 엔씨소프트를 믿고서 함께 일할 수 있는 곳이라는 확신을 주었다는 것이다. 엔씨소프트가 최초로 퍼블리셔를 담당해서 게임의 아카데미라고 할 수 있는 AIAS에서 올해의 온라인게임 상을 획득한 〈시티 오브 히어로즈〉의 계약에 리처드 개리엇이 결정적인 역할을 했다. 엔씨소프트에 리처드 개리엇이 있었기 때문에 가능한 계약이었다. 블리자드의 핵심 개발자들이 퇴사 후 새롭게 만든 아레나넷 역시 리처드 개리엇이 직접 개발자들을 만나서 인수 문제를 논의했다.

아레나넷의 공동 창업자 세 명 중 패트릭 와이엇^{Patrick Wyatt}은 블리자드의 창업자인 앨런 애드햄^{Allen Adham}과 같은 기숙사를 쓰면서 회사를 창업하기 전부터 게임을 함께 만들고 있었다. 블리자드의 1호 사원이 바로 패트릭 와이엇이었다. 또 한 명인 마이크 오브라이언^{Mike O'Brien}은 베틀넷을 직접 프로그래밍한 인물로 이러한 공로를 인정받아서 미국의 「PC 게이머^{PC Gamer}」로부터 게임계에 가장 영향력을 끼친 '게임의 신' 중 하나로 뽑혔다. 마지막으로 제프 스트레인^{Jeff Strain}은 〈월드 오브 워크래프트〉의 리드 프로그래머로 활약하였다. 이렇게 스타급 개발자 세 명이 창업한 아레나넷은 당연히 언론에서 주목할 수밖에 없었다.

그런데 엔씨소프트가 그 회사를 전격 인수한다고 발표하자 더 큰 화제를 불러일으켰다. 리처드 개리엇의 도움을 받아 인수한 아레나넷은 엔씨소프트에게 대박을 안겨주었다. 아레나넷이 개발한 〈길드워〉는 전 세계에서 600만 장이 넘는 판매고를 기록하였고 엔씨소프트를 명실공히 세계 최고의 온라인게임 회사로 도약시켰다.

결국 1천억 원이나 투입한 〈타뷸라 라사〉의 흥행 실패로 리처드 개리엇과의 합작은 절반의 성공이 되어버렸다. 큰 그림에서 보면, 그를 영입한 이유가 세계적인 온라인게임 회사로 도약하겠다는 글로벌 전략의 일환이었다는 점에서, 성공이라고 볼 수도 있다. 그러나 정작 리처드 개리엇이 개발한

〈타뷸라 라사〉는 흥행에 참혹히 실패했다. 리처드 개리엇의 영입은 전체 전략 면에서는 성공이었지만 전술 면에서는 실패했다고 할 수 있다.

✚엔씨소프트 주요 연혁

1997년 3월　엔씨소프트 창립

1998년 9월　〈리니지〉 상용서비스 개시

1998년 12월　〈리니지〉로 대한민국게임대상 수상(문화관광부)

2000년 5월　글로벌 네트워크 구축 개시(미국/일본/중국/타이완/유럽/태국 등)

2000년 7월　〈리니지〉 해외 서비스 개시

2000년 7월　코스닥 등록

2000년 12월　〈리니지〉 국내 최초 동시접속자 수 10만 돌파

2001년 12월　〈리니지〉 세계 최초 동시접속자 수 30만 돌파

2002년 12월　〈스타크래프트〉, 〈워크래프트〉의 핵심 개발자로 구성된 미국 아레나넷 인수

2003년 10월　〈리니지2〉 서비스 개시

2003년 12월　〈리니지2〉로 대한민국게임대상 수상(문화관광부)

2005년 4월　〈길드워〉 상용서비스 개시

2006년 11월　〈리니지2〉 북미/유럽 10만 액티브 유저 돌파

2007년 11월　〈타뷸라 라사〉 북미/유럽 정식 서비스 개시
〈리니지〉 4년 연속 수퍼브랜드 선정(산업자원부)

2008년 5월　엔씨소프트 R&D 센터 완공

2008년 11월　〈아이온〉 서비스 개시

2008년 12월　〈아이온〉으로 대한민국게임대상 수상(문화관광부)

2009년 4월　〈아이온〉 글로벌 론칭(중국/일본/대만/북미/유럽 등)
〈길드워〉 600만 장 판매

2009년 12월　N서비스 개시

2010년 8월　〈길드워2〉 유럽 게임쇼 게임스컴에서 최고의 온라인 게임상 수상

출처: http://kr.ncsoft.com/korean/aboutus/milestone.aspx

11

성공은 반드시 복수한다

오늘의 성공은 내일의 성공을 보장하지 못한다. 오히려 성공의 이유가 패배의 이유가 되기도 한다. IBM의 성공은 대형 컴퓨터 시장에서 마이크로소프트에 대한 패배로 이어지고 말았다. 인텔은 한때 자신들이 만들어낸 메모리 시장에 집착을 하다가 부도 위기를 겪었고 결국 메모리를 포기하고 CPU 산업에 전력투구함으로써 회생할 수 있었다. 오직 기술만이 전부라고 생각했던 닛산은 날렵한 디자인의 차들이 인기를 끌어도 디자인보다는 기술에만 치중하다가 르노에게 인수당하고 만다. 성공이 크면 클수록 변화에 둔감해지고 과거의 성공방식을 고집함으로써 새로운 패러다임에 적응하지 못하는 경향이 있다.

게임계에서도 이런 일들이 비일비재하다. 한국의 1세대 게임 개발사들은 싱글(패키지) 게임이야말로 게임의 진수라고 여기고 온라인게임을 하찮게 여겼다. 하지만 온라인게임이 대세로 자리 잡자 한국의 그 화려했던 1세대 게임사들은 종적을 감추고 말았다. 게임은 2D가 제 맛이라면서 2D을 고집하던 그래픽 디자이너들도 3D의 시대가 본격화되자 게임 계에서 도태되고 말았다.

성공 체험의 무서움으로 자주 이야기되는 게 바로 소니의 플레이스테이션이다. 플레이스테이션의 성공 요인은 뛰어난 그래픽 성능과 CD-ROM의 채택이었다. 플레이스테이션 2 역시 더욱 향상된 그래픽 성능과 새로운 저장매체인 DVD-ROM을 채택하였다. 소니는 플레이스테이션과 플레이스테이션 2를 연속으로 히트시키자 플레이스테이션 3도 똑같은 방식으로 만들어낸다. 하지만 고화질의 그래픽에 블루레이를 채택한 플레이스테이션 3는 그래픽도 더 떨어지고 블루레이도 사용하지 않는 닌텐도 위^{Wii}에 완패하고 만다. 고화질의 그래픽이 게임이 재미를 보장해주지도 않았고 블루레이의 채택으로 게임기의 가격만 비싸졌기 때문이다. 기존의 성공체험에 의해서 만들어진 성공 방정식에 매진한 나머지 사람들이 원하는 변화를 읽지 못한 탓이었다.

하지만 게임업계의 제왕으로 돌아온 닌텐도마저도 최근 변화된 게임 시장에 제대로 적응을 못하면서 다시 어려움 속에 헤매고 있다. 노키아 역시 휴대폰 분야에서 1위를 달리며 최고의 기업 반열에 오르기도 했지만 스마트폰 시대에 제대로 적응하지 못한 나머지 추락을 거듭하고 있다.

그래서 IT 업계에서는 전략적 변곡점을 중요하게 여긴다. 전략적 변곡점은 잘 적응하면 10배 빠르게 성공할 수 있지만 그렇지 않으면 10배 빠르게 추락하는 변화의 시기를 말한다. 게임계에서 최고의 전략적 변곡점은 평면적인 2D 게임에서 입체적인 3D 게임으로의 진화였다. 2D 게임에서 명성을 쌓았던 수많은 회사들이 정작 3D에 적응을 하지 못해서 도태하였다. 소니가 플레이스테이션으로 닌텐도를 제칠 수 있었던 것도 3D라는 전략적 변곡점을 잘 적응하였기 때문이다. 2D 게임으로 시작한 엔씨소프트 입장에서도 3D 시대의 등장은 매우 중요한 전략적 변곡점이었다. 마침 한국에서는 2010년 〈뮤〉를 시작으로 각종 3D 게임들이 쏟아지면서 인기를 구가하고 있었다.

엔씨소프트는 〈리니지2〉를 통해서 3D 세계에 첫발을 내딛게 된다. 그런데 〈리니지2〉가 중요했던 이유는 이뿐만이 아니다. 엔씨소프트의 유일한 히트작이 〈리니지〉인 상황에서 새로운 인기작이 필요했던 시점이었다. 여기에 〈리니지〉의 아버지 송재경이 회사를 그만두고 독립을 한 상황이었기 때문에 엔씨소프트가 여전히 건재함을 보여줘야 할 시점이었다.

2003년 10월 1일 출시된 〈리니지2〉는 전편에서 검증된 게임성에 마치 영화와 같은 아름다운 그래픽이 결합되어서 사람들에게 큰 사랑을 받기 시작한다. 〈리니지2〉는 출시 두 달

아름다운 그래픽을 자랑하는 〈리니지2〉

만에 207억 원의 매출을 올렸고 2004년 1191억 원, 2005년 1320억 원의 매출을 올리는 등 불후의 명작으로 자리매김한다. 〈리니지2〉를 제대로 플레이하기 위해서는 고사양의 그래픽카드를 장착한 컴퓨터가 필요했고, 덕분에 한국에서는 때 아닌 컴퓨터 업그레이드 붐이 일어날 정도였다.

〈리니지2〉의 성공 중에서 특히 눈여겨봐야 할 점은 국외 시장 개척이었다. 2008년을 기준으로 〈리니지2〉는 70여 개 국에서 1400만 명의 회원을 받아들였다. 특히 일본에서 〈리니지2〉의 인기는 놀라웠다. PC방 점유율과 일본의 오리콘 차트에서 당당히 1위를 기록한 〈리니지2〉는 동시접속자가 6만여 명에 이를 정도로 큰 인기를 끌게 된다.

〈리니지〉 형제로 게임계를 제패한 엔씨소프트에게 새로운 도전은 〈리니지〉 이외의 게임에서도 성공을 보여야 한다는 점이었다. 사실 엔씨소프트는 〈리니지〉 이외에도 한국 시장에 여러 게임들을 선보였지만, 〈리니지〉만 한 흥행작은 내놓지 못했다. 정확히는 번번이 실패한 것이 사실이다.

이렇게 실패를 거듭하는 와중에 마침내 2008년 11월 〈아이온〉이 등장해서 다시 한 번 엔씨소프트의 저력을 확인시켜준다. 〈아이온〉은 개발 과정에서 개발팀장이 과도한 스트레스 때문에 세 번이나 바뀌게 되는 우여곡절을 겪는다. 김택진 역시 〈아이온〉 생각에 퇴근 후 집에서 잠을 좀처럼 잘 수가 없었다고 한다.

이런 고생 끝에 내놓은 〈아이온〉은 출시 두 달 만에 동시접속자 수 25만 명을 돌파했고, 현재까지 약 3년째 PC방 게임 점유율 1위 자리를 지키고 있다. 〈아이온〉의 성공은 기존에 MMORPG에 익숙하지 않았던 여성과 라이트유저를 끌어들인 덕분이었다. 〈아이온〉을 통해서 엔씨소프트의 성공이 단순한 우연이 아니라 MMORPG게임에 대한 남다른 능력과 재주가 있음을 직접 증명한 경우라고 할 수 있다.

엔씨소프트가 MMORPG의 명가로 명성을 드높이는 만큼 한 가지 우려되는 시선도 있다. 엔씨소프트의 히트작이 MMORPG 장르에 한정되어 있다는 점이다. 이제 한 우물만 파는 시대는 끝났다. 하나의 분야에 올인했다가는 갑자기 변

엔씨소프트의 회심의 역작 〈아이온〉

화되는 시대에 적응하기가 어려워진다. MMORPG라는 장르가 지금처럼 계속해서 사람들에게 사랑받는 장르로 남게 될지는 아무도 장담할 수 없는 일이다. 엔씨소프트는 한국 게임계의 부동의 1위처럼 보였지만, 2009년 연매출 7037억 원을 기록한 넥슨에 1위 자리를 넘겨주게 된다. 〈아이온〉의 등장에도 불구하고 2010년에는 넥슨과 엔씨소프트의 격차가 더 커졌다. 넥슨이 2010년 9342억 원의 매출을 올리는 동안 엔씨소프트는 6497억 원의 매출에 그쳤다.

MMORPG는 충성도 높은 마니아가 많은 편인데, 이들은 하던 게임을 쉽게 바꾸지 않는다는 특성이 있다. 이러한 특성 덕분에 〈리니지〉는 서비스가 시작된 지 어언 13년이나 지났는데도, 2011년 2분기에 매출 663억 원을 기록하면서 사상 최대 매출을 기록하기도 했다. 반면 넥슨의 경우는 다양한 장르의 게임들이 골고루 사랑받는 편이다. 만약 넥슨이 각종 장르에 걸쳐 이대로 고속성장을 거듭하게 된다면, MMORPG 하나에 편중한 엔씨소프트는 큰 위기를 겪게 될지도 모른다.

현재 게임 시장을 살펴보면 쉽고 가볍게 즐길 수 있는 게임들이 많은 사랑을 받고 있다. 넥슨의 성공은 바로 이런 캐주얼 게임을 공략한 덕분이었다. 최근에 전 세계적으로 큰 사랑을 받는 징가의 소셜 게임이나 스마트폰 게임 등 캐주얼 게임들이 시장을 리드하고 있다. 즉 MMORPG 게임의 명가 소리를 들으며 세계 온라인게임에 지대한 영향을 끼치고 있는 엔씨소프트라 하더라도 그 역량이 하나의 장르에 편중되어 있는 만큼, 급작스럽게 변화하는 시장에 제대로 대처하지 못할 수도 있는 것이다.

과거의 성공이 크면 클수록 과거의 성공 체험에만 집착하던 수많은 기업들이 무너지고 말았다. 엔씨소프트가 영입했던 리처드 개리엇은 〈울티마〉 시리즈를 통해서 장르를 정립하고 롤플레잉게임의 아버지라는 극찬을 듣는 인물로서 자신만만하게 〈타뷸라 라사〉를 만들었지만, 결국 '먹튀'라는 오명을 쓰면서 수많은 비난에 시달리고 있다. 리처드 개리엇에게 일어난 일들은 엔씨소프트에도 얼마든지 일어날 수 있는 일이다. 엔씨소프트는 현재의 성공에 안주하기보다는 항상 긴장하고 새로운 도전에 매진해야 할 것이다.

12

김택진의 경영 철학

　경영을 전혀 몰랐던 닌텐도의 사장인 이와타 사토루岩田聡가 회사의 경영자로 나설 수 있었던 것은 자신이 오랫동안 프로그래머로 일하면서 얻게 된 논리적 사고 때문이라고 한다. 김택진 역시 경영을 직접 공부하지 않았지만 프로그래머로 일을 시작한 덕분에 직원들에게 다가가 어려운 점을 직접 묻고 해결책을 제시해주는 특유의 논리력을 가지고 있다.

　프로그래머 출신으로 최신 기술에도 민감한 김택진의 경영 스타일은 스티브 잡스와 비슷하다. 스티브 잡스가 직접 개발을 하지 않지만 제품 선별자가 되어서 개발의 방향을 결정하듯이 김택진 역시 자신이 직접 그림을 그리거나 프로그래밍을 하지 않지만 회사 내에서 개발되는 게임들을 꼼꼼히 챙긴다. 엔씨소프트 내에서는 수많은 게임 프로젝트가 있다. 엔씨소프트의 개발 조직은 자전거 바퀴처럼 허브 앤 스포크hub-and-spoke로 이루어져 있다. 김택진을 중심으로 게임개발 조직들이 자전거 바퀴살처럼 연결되어 있는 것이다. 스티브 잡스가 제품을 평가하면서 개발 방향을 선택하듯 김택진은 사내의 게임을 평가하면서 게임의 방향을 결정해준다. 엔씨소프트에서 개발하는 전체 게임을 제대로 파악하고 있는 사람이 김택진이다. 회사 내의 개발팀들은 수시로 김택진에게 개발 내용을 보고해야 하고 진행 방향에 대해서 논의하게 된다. 물론 프로젝트를 계속 진행해야 할지 아니면 중단해야 할지에 대한 판단도 김택진의 중요한 업무이다.

동아리 활동을 통해서 컴퓨터 실력이 일취월장했고 나아가 소프트웨어 업계에 진출할 수 있었던 만큼, 김택진은 회사 분위기 역시 서클 같은 분위기를 만들고 싶어 한다. 회사 대표로 군림하기보다는 직원들이 하고 싶은 일을 하도록 배려하는 서비스맨으로서 직원들이 꿈을 실현하는 데 필요한 비전을 만들어내고 실무자들의 일을 조정해주는 것이 자신의 역할이라고 생각한다.

회사 운영에서 특히 중점을 두는 것은 민첩한 조직 구성이다. 기업이 망하는 이유는 세상이 변하는 속도에 대처하지 못했기 때문이라고 생각한다. 그래서 김택진은 기업의 진화를 중요하게 여긴다. 그런데 진화를 빠르게 하기 위해서는 작은 규모가 아니라 글로벌 시장에서 진화를 해야 한다고 본다. 즉 그는 생존논리로서 글로벌화에 접근한다. 수출을 하고 싶어서 게임분야를 선택한 김택진답게 세계 시장을 중요시하는 그는 회의도 글로벌한 회의를 좋아한다. 다른 나라 사람들과 회의를 하게 되면 통역 문제로 난장판이 될 때도 있지만, 글로벌 회의를 하고 나면 미래에 대해 방향을 예측하는 데 도움을 준다고 한다.

게임이 대중의 사랑을 먹고 사는 분야인 만큼 김택진은 대중의 취향에 민감할 수밖에 없다. 자신이 재미있다고 생각하는 것에 대해서 대중도 재미있어할까에 대해서 많은 고민을 한다. 게임 서비스 오픈이 임박하면 새벽 2시에 자서 아침 6시 반에 일어날 정도로 긴장하지만, 몸이 힘들더라도 유저들의 반응이 좋으면 어린애처럼 기분이 좋아진다고 한다

김택진이 최근에 가장 고민하는 것은 게임에 대한 이미지다. 기술과 문화가 결합된 게임이 앞으로는 교육 수단으로까지 발전할 것이라고 생각하는 김택진은 역사와 철학 그리고 경제도 게임에 반영할 생각을 하고 있다. 하지만 그런 노력에 찬물을 끼얹는 듯한 일부의 인식, 즉 게임을 절대적인 악으로 보는 시선 때문에 게임 산업 자체가 붕괴될 수 있다는 고민을 하고 있다.

과거 한때 한국에서도 만화가 청소년들에게 큰 사랑을 받으면서 산업으로 발전할 수 있는 기회가 있었다. 하지만 사회의 부정적인 인식 앞에서 결국 만화는 초토화되고 말았다. 과거의 화려했던 영광을 만화 산업에서는 이제 더 이상 찾아보기 어렵다. 김택진은 만화의 몰락은 어쩔 수 없었지만 게임만

큼은 붕괴되는 것을 막아야 한다는 생각을 가지고 있다. 사실 문화 산업은 서로 연결되어 있다. 인기 있는 온라인게임들, 예를 들어 〈리니지〉, 〈바람의 나라〉, 〈라그나로크〉는 만화를 원작으로 하고 있다. 게임과 만화는 서로 연결되어 있는데 만화 산업이 붕괴되었으니 게임 관계자 입장에서는 남의 이야기처럼 보이지 않을 것이다. 지금 잘나간다고 해도, 산업의 경우처럼 얼마든지 게임도 몰락할 수 있다.

사실 한국에서 과거의 만화처럼 게임 산업 죽이기가 진행되는 것은 매우 우려할 일이다. 오늘날 전 세계 게임 시장은 2010년 기준으로 848억 달러에 이르는 어마어마한 시장이다. 한국의 게임 시장도 49억 500만 달러에 이르고 있으며 매년 두 자리가 넘는 성장을 기록 중이다. 컨텐츠 산업에서 게임은 절대적인 위치에 있다. 2010년에 게임의 수출 규모는 15억 9822만 달러로 전체 컨텐츠 산업에서 차지하는 비중이 무려 52%에 이른다. 최근 한류 붐을 타고 K-POP과 드라마 같은 연예 산업이 인기라고 말하지만 그 규모는 게임과는 비교가 되지 못한다. 2010년 기준 음악의 수출액은 8097만 달러로 전체 컨텐츠 산업에서 차지하는 비중이 2.6%로 게임에 20분 1도 못 된다. 영화의 경우는 더 초라해서 1548만 달러로 게임에 비해서 100분의 1도 안 된다. 방송의 경우는 1억 7023만 달러에 불과할 정도로 언론에서 연일 한류를 외치고 마치 세계가 한국 대중문화에 열광하는 것처럼 보도를 하지만 정작 실익은 게임과는 비교가 안 될 정도로 초라한 성적표를 기록 중이다.

60년대 철강으로 시작된 한국의 수출 산업은 70년대 자동차 그리고 80년대 반도체 그리고 90년대 IT로 주력산업이 변화해왔다. 이제는 소프트웨어 시대를 맞이하여 컨텐츠의 중요성이 날로 중요해지고 있는 만큼 미래의 먹거리를 위해서도 게임은 대한민국에 매우 중요한 산업이다.

하지만 대한민국에서는 전 세계에서 유례를 찾아볼 수 없을 정도로 게임에 대한 부정적인 인식이 생겨나고 있다. 한때 연예인들을 광대나 딴따라라고 부르며 무시하던 시기가 있었는데 최근 게임 종사자들에게도 그런 안 좋은 시선들이 느껴지고 있다. 최근의 몇몇 보도를 보면 게임은 그 자체로 악이고 게임을 만드는 사람은 마치 악마에게 영혼을 판 악인인 듯 묘사를 하고 있다. 이처럼 게임에 대한 부정적인 인식이 커져간다면 국내 게임 산업은 김택진의 말처럼 과거 만화 산업처럼 붕괴될 수밖에 없다. 게임 산업이 붕괴되면 이는 한국 전체에 큰 타격이 될 것이다. 게임의 몰락은 단순히 게임의 수출이 줄어드는 것을 의미하지 않는다. 게임은 IT 산업에서 절대적인 비중을 차지한다.

IT 역사는 사실상 게임이 결정했다고 해도 과언이 아니다. 게임과 IT는 뗄 수 없는 관계에 있다. 일반 가정에 처음으로 침투한 것은 바로 아타리가 만든 가정용 게임기였다. 70년대만 해도 컴퓨터는 곧 게임이었던 시절이 있었다. 애플 컴퓨터도 사실은 아타리에서 시작됐다고 해도 과언이 아니다. 스티브 잡스의 첫번째 직장도 게임 회사였던 아타리였다. 그는 우리에게 '벽돌깨기'로 잘 알려진 〈브레이크 아웃〉을 기획하였고 그의 친구인 스티브 워즈니악을 불러들여서 이를 개발하도록 하였다. 스티브 잡스와 스티브 워즈니악은 아타리를 통해서 컴퓨터 관련 기술들을 축적할 수 있었고, 이는 나중에 애플을 창업하는 데 결정적인 계기를 마련한다.

스티브 워즈니악은 원래부터 게임광이었기 때문에 애플 컴퓨터를 만드는 데 게임이 중요한 영감을 주었다. 스티브 워즈니악은 애플 컴퓨터에서 작동하는 프로그래밍언어를 개발하면서 게임 베이식이라고 불렀을 정도였다. 실제로 애플 컴퓨터가 사람들에게 인기를 끌게 된 것도 게임 덕분이었다. 컬러 화면을 지원한다는 이유 덕분에 애플 컴퓨터로 게임을 즐기는 사람들이 많았다.

또한 새로운 플랫폼이 등장할 때마다 게임은 킬러 컨텐츠 역할을 하였다 매킨토시와 윈도우의 전쟁도 게임에 의해서 결정됐다고 해도 과언이 아니다. 애플 컴퓨터는 게임 덕분에 성공한 플랫폼이었음에도 불구하고 매킨토시에서 게임을 경시하였다. 매킨토시는 그래픽 기반의 운영체제로 마우스를 사용했는데 당시 이를 보고 매킨토시를 비싼 장난감이라고 비아냥거리는 소리가 있었다. 이 때문인지 애플은 의도적으로 매킨토시에서 게임을 배척하였다. 하지만 빌 게이츠는 달랐다. 어린 시절 처음으로 만든 소프트웨어가 삼목 Tic-Tac-Toe 게임이었고 실제로 게임 개발에 참여한 경력이 있었던 빌 게이츠는 윈도우 환경에서 개발자들이 게임을 쉽게 개발할 수 있도록 도와주는 다이렉트X를 만들어서 윈도우를 게임 플랫폼으로 정착시키기 위해서 노력했다. 이러한 게임 분야에서의 우위를 토대로 윈도우는 쉽게 매킨토시를 물리칠 수 있게 되었다. 나아가 마이크로소프트는 가정용 게임기 사업에 진출하였는데 이는 가정에서 IT 기술을 가장 먼저 받아들이는 게임 유저들을 자신들의 편으로 만들기 위해서였다.

아이폰 열풍에도 그 이면에는 게임이 있다. 앱스토어에서 1위에서부터 10위까지 순위를 매기면 가장 많은 종류가 게임이다. 한때는 20위까지가 모두 게임으로 채워질 때도 있었다. 한국이 IT 강국이 될 수 있었던 데에도 게임의 역할이 컸다. 〈스타크래프트〉가 큰 인기를 끌면서 PC방이 길거리마다 생겨났고 집에서도 편안하게 온라인게임을 즐기려는 사람들이 집에 초고속 인터넷을 설치했기 때문이다. 네이버만도 초창기만 해도 다음에 밀려서 어려웠던 시절이 있었다. 하지만 한게임을 인수한 후에 포털 업계의 강자로 우뚝 섰다.

최근 IT 업계에서 가장 잘나가는 기업으로 손꼽히는 페이스북도 게임의 활약 덕분에 세계적인 플랫폼으로 우뚝설 수 있었다. 원래 페이스북은 소셜 네트워크 분야에서 마이스페이스와 치열하게 경쟁하였다. 마이스페이스는 한때 소셜 네트워크 서비스 중에서 1위를 기록했지만, 페이스북이 게임으로 인기를 끌기 시작하자 급격하게 페이스북에게 밀리기 시작했다. 페이스북 온라인게임(앱)인 〈스크래뷸러스〉는 하루 50만 명이 즐길 정도로 인기를 끌게 되는데 원래 마크 저커버그Mark Zuckerberg의 할아버지는 손자가 개발한 페이스북에는 가입도 하지 않았었지만 〈스크래뷸러스〉를 플레이하기 위해서 페이스북을 이용하기 시작했다. 소셜게임을 만드는 징가는 한 달 이용자 수가 2억 명이 넘으며 시장가치가 100억 달러가 넘는다. 또 다른 소셜게임 업체인 플레이 돔은 디즈니에 7억 6300만 달러라는 거액에 인수되기도 했다.

이렇듯 IT 역사를 살펴보면 하나의 플랫폼이 탄생해서 성공을 거두는 데에는 게임이 절대적인 역할을 했다. 마크 저커버그는 웹 서밋Web Summit 2010에 참석해서 아이폰과 아이패드에서 가장 먼저 성공하기 시작한 것이 게임이었음을 지적하였고 PC가 가정에 보급된 계기 역시 게임이었음을 지적한 바 있다.

대한민국의 다음 과제는 윈도우, 아이폰, 페이스북처럼 생태계를 갖춘 플랫폼을 창조해내야 한다는 사실이다. 그러기 위해서는 게임 산업이 버팀목이 되어야 한다. 최근 애플의 활약 덕분에 한국에서도 소프트웨어의 중요성이 부각되며 소프트웨어 산업을 육성하자는 목소리가 커졌다. 하지만 정작 소프트웨어 산업에서 킬러 컨텐츠 역할을 하고 있는 게임 산업을 과거의 만화처럼 악의 세력으로 규정하고 이를 붕괴시키고자 하는 사람들이 늘어나고 있다.

이런 시점에서 김택진은 싫든 좋든 간에 책임 있는 모습을 보여야 한다. 물론 그가 노력해서 일궈낸 성과이지만 1조가 넘는 그의 재산은 어찌 되었건 게임으로 축적한 돈이다. 만약 게임이 부정적인 모습으로 사회에서 지금처럼 배척을 받는다면 게임 산업이 붕괴되는 것은 자명하고 김택진을 포함해서 게임을 만드는 사람들의 의욕이 떨어질 수밖에 없다. 그렇기 때문에 게임 산업에 대한 근본적인 이미지 변신이 필요하다.

김택진 자신도 이를 잘 알고 있는 듯, 게임에 대한 이미지를 바꾸려는 노력의 일환으로 프로야구팀을 창단하기에 이른다. 프로야구 원년부터 프로야구 팬이었던 그는 1984년 한국시리즈에서 최동원 선수가 혼자서 4승을 거두는 모습에 감동했고, IMF로 미래가 불안정하던 시대에 박찬호 선수의 활약을 통해서 용기를 얻었다고 한다. 그가 프로야구팀을 창단하는 것은 물론 자신의 꿈과 엔씨소프트를 홍보하기 위한 일환이지만 게임업계에 대한 곱지 않은 인식을 전환하기 위한 사회공헌적 측면도 있다. 엔씨소프트의 프로야구단이 활약을 펼친다면 많은 사람들이 응원하게 될 것이고 엔씨소프트라는 회사에 대해서 호의를 가지게 될 것은 자명하다. 이를 통해서 게임이나 게임 회사에 대한 이미지 역시 제고될 수 있으리라고 기대하는 것이다.

사실 컴퓨터 게임도 야구와 다를 바가 없다. 야구도 엄밀히 이야기하면 게임의 한 종류이다. 단지 컴퓨터 게임은 IT 최첨단 기술을 통해서 가상 세계를 재현했을 뿐이고 컴퓨터 게임을 통해서도 얼마든지 야구 게임을 즐길 수 있다. 컴퓨터 게임은 장기나 바둑 혹은 수많은 스포츠와 다를 바가 없을 뿐이므로, 마치 컴퓨터 게임만 악으로 취급하는 풍토는 없어져야 한다.

컴퓨터 게임으로 인한 부작용은 다른 취미생활에서도 똑같이 적용될 수 있다. 게임에 중독되어 일상생활에 영향을 끼치는 것은 분명 문제가 있다. 하지만 게임만 그런 부작용이 있는 것은 아니다. 우리가 아는 모든 취미생활에는 중독성이 있으며 심하게 몰입할 경우 부작용이 생기기 마련이다. 낚시에 빠져서 가정을 돌보지 않거나 운동에 빠져서 건강까지 잃는 경우는 얼마든지 있다. 그렇다고 국가 차원에서 낚시와 운동을 규제하지는 않는다. 유독 게임의 경우만 극단적인 중독 사례를 들이대며 게임계 사람들을 사회적으로 지탄받을 대상으로 만들어놓고 있다. 과연 엔씨소프트가 야구단 창단을 계기로, 이러한 사회풍토를 바꿀 수 있을지 자못 기대가 된다.

1967년   3월 14일 서울 출생

1985년   대일 외국어고등학교 졸업 및 서울대학교 전자공학과 입학

1989년   서울대학교 전자공학과 졸업

          한/글 공동 개발

          컴퓨터 기자단이 뽑은 올해의 인물로 선정

1991년   현대전자에 입사하여 보스턴 R&D 센터 근무

1992년   서울대학교 전자공학과 석사

1995년   국내 최초의 인터넷 온라인 서비스 아미넷을 개발

1997년   엔씨소프트 창업

1998년   〈리니지〉 서비스 개시

1999년   「조선일보」 선정 1999년 떠오르는 정보통신 인물

2000년   미국 시장 진출

2001년   「비즈니스위크(BusinessWeek)」 선정 아시아의 스타상

          문화관광부 2001 문화산업 발전 기여 표창 수상

2002년   세계경제포럼(WEF) 선정 아시아 차세대 리더 18인

          「비즈니스위크」 선정 세계 e비즈니스 영향력 있는 25인

          한국과학문화재단 선정 닮고 싶은 과학기술인 10인

2003년   한국산업기술진흥협회 선정 최고경영자상

          〈리니지2〉 서비스 개시

2005년   〈길드워〉 서비스 개시

          세계경제포럼 선정 차세대 글로벌 리더

2006년   대한민국 문화콘텐츠 해외진출유공자포상 대통령 표창

2008년   〈아이온〉 서비스 개시

2009년   「매경이코노미」 선정 올해의 CEO

2011년   프로야구 제9구단(다이노스) 창립

          「포브스(Forbes)」 선정 2011 세계 억만장자 등극

참고문헌

『이것이 네이버다』, 윤선영, 싱크, 2007.06.05

『공학도에서 게임 산업 CEO까지』, 김택진, 생각의나무, 2008.10.14

『넥슨만의 상상력을 훔쳐라』, 박정규, 비전코리아, 2007.03.20

『인터넷 플러스 이야기』, 백강녕, 블로리아, 2006.11.17

〔인터뷰〕9번째 구단주, 엔씨소프트 김택진, 박엘리, 이투데이, 2011.03.31

김택진 “〈리니지2〉는 영화, 〈아이온〉은 각본 없는 연극”, 최병준, 지디넷코리아,
　　2008.10.24

〔현장에서만난CEO〕김택진 엔씨소프트 사장, 전재홍, 와우TV 뉴스, 2007.04.05

〔인물탐구〕김택진 엔씨소프트 사장, 황형규, 매일경제, 2001.05.03

게임3社 CEO “취미는 경영의 힘”, 권로미, 헤럴드 경제, 2005.09.09

〔벤처 스타열전(24)〕엔씨소프트 김택진 사장(上), 이진희, 주간한국,
　　2000.08.17

〔벤처 스타열전(25)〕엔씨소프트 김택진 사장(下), 이진희, 주간한국,
　　2000.08.17

나의 게임 입문기 (1/2), 송재경, 디스이즈게임, 2011.04.12

나의 게임 입문기 (2/2), 송재경, 디스이즈게임, 2011.04.13

〔한국의개발자①〕“소셜은 그로부터 시작됐다” 아키에이지의 송재경, 김시소,
　　베타뉴스, 2010.07.13

〔솔직토크〕김택진 대표를 만나다, 임상훈, 디스이즈게임, 2005.04.27

〔김광일의 릴레이인터뷰〕김택진 엔씨소프트사장, 김광일, 아이뉴스24,
　　2000.12.10

〔김광일의 릴레이인터뷰〕김정주 넥슨 창업자, 김광일, 아이뉴스24, 2003.10.22

〔한국의IT리더〕‘〈바람의 나라〉’ 성공신화…김정주 벤처갑부 반열에, 우고운,
　　조선비즈, 2011.08.02

〔박명기의 파노라마〕송재경 엑스엘게임즈 대표, 박명기, 플레이포럼,
　　2010.05.02

김 택 진 스 토 리

초판 1쇄 발행 | 2011년 12월 27일

지은이 | 김정남
펴낸이 | 이은성
펴낸곳 | *e*비즈북스
편집 | 이상복
디자인 | 정혜선

주소 | 서울시 동작구 상도2동 184-21 2층
전화 | (02)883-3495
팩스 | (02)883-3496
이메일 | ebizbooks@hanmail.net
등록번호 | 제379-2006-000010호

ISBN 978-89-92168-82-3 13320

*e*비즈북스는 푸른커뮤니케이션의 출판브랜드입니다.